U0013519

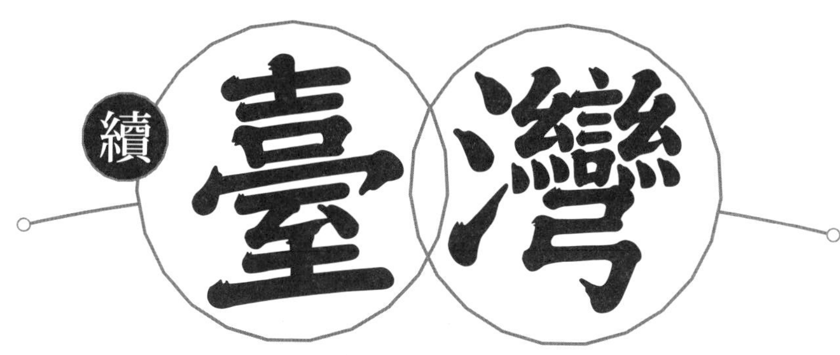

續臺灣沒說你不知道

生活在紛擾年代，
七十則包山包海、愛鄉愛土的冷知識

每日一冷再次集結關於史地、風土、族群、生活
臺味滿溢、巷口飄香的島嶼蒐奇田野調查，
誠摯邀請街頭巷尾、厝邊隔壁前來注文比較！

著 每日一冷 作
插 李桃 畫

續序樂——沒說你不知道的每日一冷

「你知道嗎？」我們真的出了第二本書了！

二〇一二年底創立，到今年即將滿六歲的「每日一冷」，自臉書崛起後的這些日子以來，在一一出現的眾多粉絲專頁與網站中，大概已經算是前前前浪的等級，幸好我們還在！

每日一冷之所以會創立，其實只是六年前還是高中實習老師的我，一時的無心之作，想在空閒的時間之中，透過當時新興起的臉書平台，與那些喜愛知識卻未曾謀面、未來可能也不會有機會見面的人，一起交流分享有趣的冷知識。

不過你知道嗎？每日一冷能夠持續創作到第六年，除了這七十則冷知識以外，還有第七十一則冷知識藏在序裡（如果你夠有好奇心讀了序的話）。

這個冷知識是這樣子的……每日一冷創立後約三個月左右，每天擠出一則冷知識的我，實在有些枯竭，想說不如把粉絲專頁改名成「每週一冷」，就可以減低不少壓力了！不幸的是，當時臉書的使用規範中，一但專頁按讚人數超過了一百人，就無法更改名稱了。（是不是有點荒唐）

不過慶幸的是，因為沒辦法更改粉專名稱，雖然天天出刊的壓力又重回肩上，但碰巧遇上了編輯群們以一種老鼠會的方式，一個拉一個陸陸續續的加入，才讓天天出產的冷知識不至於斷炊，也就繼續以每日一冷的名稱在江湖闖盪。雖然編輯群們來自不同領域、不同年齡，但相同的是對知識的渴望，以及喜歡東張西望觀察生活中細微的角落，每日一冷就這麼累積了大量的冷知識囉！

二〇一六年我們的第一本書《臺灣沒說你不知道：生活在這塊土地的你可以拿來說嘴的七十則冷知識》出版，正如每日一冷的宗旨"A cold a day keep the knowledge on the way"，這本輕薄好讀的書，從我們過去寫作的冷知識之中，挑選了七十則與我們生長的這塊土地相關的內容，透過分享有趣的冷知識重新燃起讀者在平日繁忙生活之中早已熄滅貧乏的好奇心。

而第二本書《續．臺灣沒說你不知道》裡，我們同樣將臺灣相關的冷知識分成四個章節，〈翻遍課本找不到〉、〈這片土地一家人〉、〈阿公阿嬤老記憶〉和〈知道這些幹什麼〉。乍看之下會有點摸不著頭緒嗎？其實只是想要讓第二本書更生活化，更適合坐在馬桶上的時候隨手拿來讀讀，不僅幫助排便也還幫助腦部排毒！最後，不免俗地還是要感謝每日一冷的所有作者、一直以來支持我們的讀者還有共同催生出這本書的協力工作人員。若不是大家對生活還保有著各種好奇心，我們不會有這兩本書的誕生。

嗯！大家準備好了嗎？下一頁就是這次的七十則冷知識囉！

主編
Mr. Saturday

壹 翻遍課本找不到

歷史地理篇

貳 這片土地一家人

族群文化篇

阿公阿嬤老記憶

民俗回憶篇

肆

知道這些幹什麼

生活趣聞篇

翻遍課本找不到

國語日報的前世與今生、臺灣史上首宗持槍搶案、五院中曾在廟裡辦公過的是哪個院、總統府的各種名字、高雄捷運圖上消失的捷運站、為什麼沒有基隆縣……這些翻遍課本也找不到的史地故事現在就讓你知道。

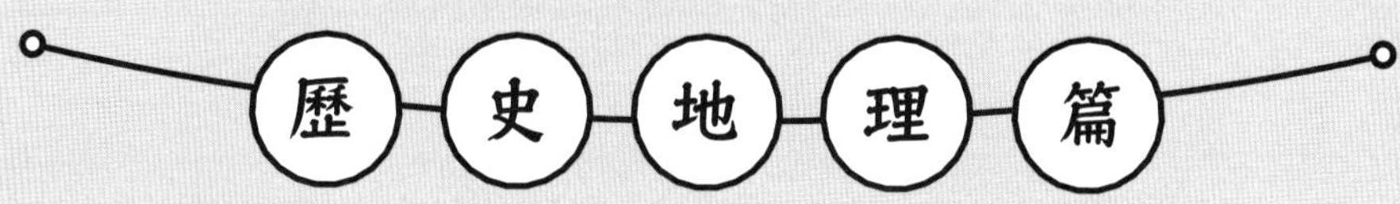

中華民國的五權憲法與曾經在廟裡辦公的某院

中華民國的憲法是五權憲法，五權分別是行政、立法、司法、監察和考試。五權憲法是由國父　孫中山在三權分立的基礎上，再加以改進而設計出來的。大家在唸書時應該都知道了吧！但是，大家知道為什麼孫中山先生會從原來三權分立的概念中，將原來分別屬於立法權的監察權和屬於行政權的考試權，分立出來。為什麼是這兩種權分立出來而不是其他權力呢？其實這也是有著源遠流長的歷史因素，請接著看下去吧！

中國從秦漢以來就有所謂「御史臺」的一職，一直以來負責監督與糾察各地的行政機關的績效，是否有弊端等等。孫中山為了避免立法院濫用監察權，以此來挾制行政機關、權力過於獨大無法制衡，因此將三權分立中屬於立法權的監察權獨立分化出來。

關於考試權，則是源自隋代的科舉制度，雖然在清末百日維新的時候被廢除，但是這種考試選才的精神卻被保留下來為了避免行政權被私人濫用的疑慮，孫中山便將政府公務員考試以及人事的相關權力自行政權中分出來，並獨立成為今天我們的考試院。當年孫中山想要將西方的三權分立觀念引進中國時，便希望能按照國情改變，因此設計出我們今天看到具有中華民國特色，全球僅有的五權分立的憲法。

話雖如此，**其實中華民國也不是在成立以後隨即施行五權分立**。在一九一三年，北洋政府依照《臨時約法》正式成立。當時採用了大總統與國務總理雙首長為主的三權分立制度，行政權屬於大總統和國務總理，立法權則屬於參議院，司法權歸法院。

要一直等到**一九二八年十二月，張學良宣布東北易幟，國民政府成為中國唯一合法政府，孫中山的理想：五權憲法，這才正式在中國實施**。一般來說，國民政府的運作主要決策者是國民政府委員會，其中最高代表者為國民政府主席，並且同時是名義上的國家元首。國民政府依照孫中山的五權憲法理論，設置行政院、立法院、司法院、考試院與監察院，正好是現在「一府五院」體制的雛形。睽違了十多年，孫中山的五權分立終於得以實踐。

最後說個有趣的，雖然現在大家查一下就知道考試院在文山區，不過，我猜各位不知道的是，中華民國政府撤退來臺初期，當初的考試院是設立在哪裡呢？**答案是遷臺後的考試院暫借位在大龍峒的臺北孔廟辦公，並在一九五一年時才遷往木柵溝子口的現址。**而考試院也是中華民國憲法框架下一府五院中，唯一不在臺北市中正區的中央政府機關。

有基隆市卻沒有基隆縣，原來就差那麼一點點

提到臺灣最北端的城市・基隆，除了給人整日霪雨霏霏的「雨港」印象以外，以及過去在教科書和考題總會出現的「天然良港」，但事實上真是如此嗎？看看人家新竹市配新竹縣、嘉義市配嘉義縣，唯獨基隆市孤零零的，沒有與其搭配的基隆縣，為什麼會這樣？

三面環山，只有東北臨海的基隆，不僅是北臺灣最早開發的地區之一，也是臺灣最

早開放通商的港口之一。然而，就像開頭所說的，基隆港真的是傳說中的天然良港嗎？以現在基隆港喇叭狀開口的樣貌看來，確實是相當適合作為港口，不過**這都是在日治時期經過好幾期築港工程計畫以後，才變成了今天的模樣**。

當初基隆以淡水附港的名義開放後，時任臺灣巡撫的劉銘傳，便開始進行基隆港的建港規劃，並委託當時板橋林家的林維源負責基隆港的建港事宜，也計畫將還在興建的縱貫鐵路分出一條支線以接駁港區。可惜的是，後來建港工程因為劉銘傳的離職而沒有實行，主要工程中也只完成了一座碼頭。

但這座碼頭的興建完成，也成了後來中華民國政府將一八八六年回溯認定為基隆港建立的年份。進入日治時期之後，畢竟基隆是離日本最近的港口，為了基隆港的發展，臺灣總督府組成了「基隆築港調查委員會」。隨後便開始進行了築港調查，期間訂定了五期的築港計劃，**從一八九九年開始到一九三五年，幾乎橫跨整個日治時期，臺灣總督府，將基隆港打造成為一座軍、商、漁三用途的港埠**。

今天基隆港的模樣，就是歷經三十多年的的工程後才打造出來的。築港工程相當艱辛，過程中有許多工人殉職，現在基隆仍然保留一座築港殉職紀念碑以紀念這些先人的犧牲。

本來在基隆港內其實還有兩座小島嶼，分別叫做鱟公島和鱟母島，而它們的島嶼名字之所以帶有「鱟」字，正是因為上面棲息了大量的「鱟」，也就是在生物課本上會提到的活化石生物。基於停泊大型船隻需求，必須處理港灣內的這兩座島。**鱟公島在一九〇六年的第二期工程中挖除，而相對比較接近陸地的鱟母島則沒有破壞，透過填海造陸而成為今日基隆市區的一部分囉！**

那麼，基隆縣到底在哪呢？其實在二次大戰中，國民政府就已經成立臺灣調查委員會，著手規劃接收臺灣的相關作業。最初都以日治時期的行政區劃為基礎來進行規劃，像是日治末期的臺北州下轄基隆市、臺北市和宜蘭市，就是現在的雙北、基隆市及宜蘭縣大致上的行政區範圍。

而在國民政府接收臺灣最原先的規劃中，臺北縣（今新北市）原本是完全不存在的，而是將行政區域又劃分為省三縣、淡水縣和七星縣。其中的省三縣就包含了現在的基隆。

到了**戰後的一九四五年八月，當時中華民國政府又重新規劃了一次，而在這次的規劃中將原來的省三縣改成了基隆縣**，除此以外還進行了一些微調。不過，等到一九四五年十月時國民政府真的接收臺灣後，才發現這樣的行政區劃其實不太符合實際上的需求，因此最後沒有真的實行。曾經的「基隆縣」也就成了夢一場。

至於為什麼一度被稱為省三縣？**因為「省三」是大清時期臺灣首任巡撫劉銘傳的字**，為了紀念他曾經在此經營，並在清法戰役中收復基隆，而如此命名。不過，最後也是沒有實行啦！

在臺灣的地理中心呼喊愛情

在過去交通比較不方便的年代，受限於交通以及人們的認識，有時候會把某些地方視為世界的中心，像是「中國」一名就是由「中央之國」的簡稱而來。例如，在《聖經》當中，以色列就被視為世界的中心，而希臘神話當中則是視德爾菲（Delphi）為世界的中心。祕魯的庫斯科（Cusco），在過去是印加帝國的商業、農業與宗教中心，因此也有世界的中心之稱。

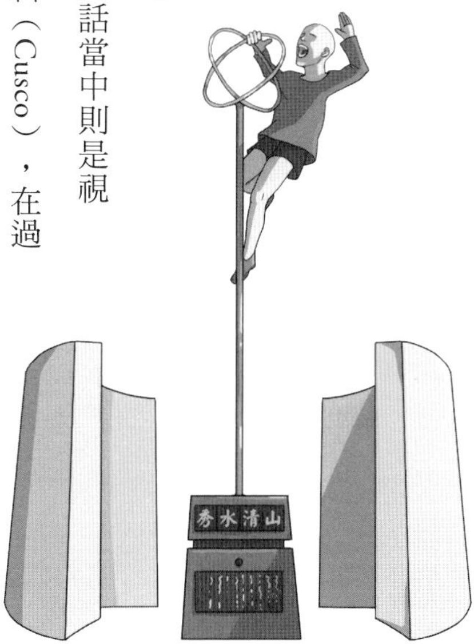

不過，最有名的世界中心大概是澳大利亞的烏魯魯（Uluru），在日本知名作品《在世界的中心呼喊愛情》中，裡面提到的世界的中心就是烏魯魯（舊稱艾爾斯岩）。這個

別稱「世界肚臍」的烏魯魯，對於當地原住民阿南古人來說，是創世神話的起點，是非常神聖的聖地，也因此澳洲烏魯魯——卡達族塔國家公園管理委員會決議在二〇一九年正式關閉攀登步道，不再允許他人進入。世界的中心除了離我們遙遠外，現在又因為明年要關閉攀登步道，想在世界的中心呼喊愛情感覺更不容易了。那如果縮小呼喊範圍，聚焦在臺灣的話，你知道臺灣的中心在哪裡嗎？

根據一般大眾對臺灣島的認識，應該不難推測出在臺灣的中心應該位在島上的內地——南投。不過，確切的經緯度或地點在哪可能就不是大多數讀者會知道了。其實，早在一百多年前也就是一九〇六年時，當時日本人便已經測量出**臺灣的地理中心位在南投埔里虎頭山**，**並豎立了臺灣地理中心碑**，若你到當地看到由白色弧牆環繞，中間碑座為三公尺高之赭色屏牌，上豎一柱不銹鋼桿，最上端頂著兩個相交的圓環，則是於一九七九年重建過後的模樣。底座上還有時任總統蔣經國在周書楷、魏景蒙及林洋港三人陪伴下巡視時，題下的「山清水秀」四字。也因此這座地理中心碑又被稱為山清水秀碑。

不過呢，這個地理中心點在戰後經過重新測量，雖然差距並不是很大，但才發現日治時期所界定的地理中心並非臺灣真正的地理中心。因此，**一九五二年後便將臺灣地理中心點，移至相鄰不遠的虎頭山山頂。沿著題有「山清水秀」的舊地理中心碑後的石階沿階而上，攀爬約五百階左右，便能夠抵達真正的臺灣地理中心。**地理中心遷移到現址後，同樣也立下基石作為三角點。但是，發生在一九九九年的九二一大地震導致三角點因此而位移且毀損，之後就在原址設立了衛星追蹤站，提供衛星控制點系統基準資料。

除了上述的新舊兩個臺灣地理中心以外，在那附近還有兩塊題有「臺灣地理中心」的石碑。一塊是由謝東閔在一九九三年所題，另一塊則沒有署名。介紹了那麼多個臺灣中心碑搞得我頭好暈啊，那位於虎頭山的臺灣地理中心到底有什麼作用呢？

臺灣地區目前現有的四種坐標系統至少有一半是以其作為大地基準點來計算。而位在虎頭山頭的大地基準點，實際的經緯度座標是東經120度58分25.975秒，北緯23度58分32.340秒。這就是目前現知的臺灣地理中心！如果沒錢出國、或沒來得及去澳洲的烏魯魯呼喊愛情，沒關係，你也可以就近去臺灣中心呼喊，讀過本篇冷知識後，就不會跑錯點囉！

臺灣史上首宗持槍銀行搶案：李師科事件

自由民主與程序正義的可貴現在的年輕讀者可能難以想像，**中華民國自一九四九年五月二十日開始施行的〈戒嚴令〉起，賦予戒嚴地區軍事統治的法律基礎，一旦被起訴，就連一般的平民百姓也有可能面臨審檢合一、速審速決的軍事審判。**此外，在《戒嚴法》、《懲治叛亂條例》、《檢肅匪諜條例》等相關法律的交錯搭配，以及為了加速案件偵辦而動用私刑

的情況下，不僅憲法賦予人民的自由遭到剝奪，也造成許多冤案。土地銀行搶案就是一個經典的案例。

一九八二年四月十四日下午接近三點半的時候，一名頭戴鴨舌帽、臉上戴著口罩的男子持槍進入土地銀行古亭分行，大喊「錢是國家的，命是你們自己的！」男子在以手槍擊傷銀行職員且得手新臺幣五百三十一萬元後逃逸。

這起臺灣歷史上首次持槍搶劫銀行的案件，大大震動了當時民風相對純樸的社會，警治單位亦上緊發條、分頭偵辦，以各種手段蒐捕可疑嫌犯。在八〇年代，警方只能夠仰賴當時土地銀行內的閉路監視器、目擊證人們的指證來拼湊搶匪特徵。除了警方懸賞巨額檢舉獎金外，土地銀行總行也提供破案獎金兩百五十萬元，向社會大眾徵求線索。

在案情膠著了近一個多月後，警方終於將嫌犯李師科逮捕歸案，並從調查得知，以開計程車為生的李師科原本是位退伍軍人。他在兩年前，先用土製手槍槍殺了教廷大使館警衛，並奪得警槍，而後數次前往古亭分行觀察地形及銀行作業流程。至於犯案的動機，李師科宣稱是「對現實不滿，對社會不滿」。

在李師科遭到逮捕之後，臺灣警備總部軍法處很快地完成了審判程序，李師科被依殺人及盜匪罪嫌提起公訴，審判過程罕見地開放全臺各報社、新聞記者到庭採訪，並公開完整的審理過程。**最終，李師科以連續搶劫而故意殺人遭判處死刑，經由國防部的覆判，五月二十六日清晨便遭到槍決。從逮捕、軍事法庭判刑到執行槍決也不過短短的二十餘日。**

但就在警方偵辦土地銀行搶案的同時，還爆發了一起案外案。有線民通報，一名計程車司機具有高度嫌疑。在警方的拘禁及刑求逼供下，這位名叫王迎先的計程車司機在「坦承」犯行後，帶領警方前往秀朗橋尋找犯案工具及贓款，尋找的過程中，王迎先趁著辦案人員不注意，跳入新店溪中溺斃身亡。

李師科落網的消息公布後，李敖首先在媒體一片撻伐聲中，以同情口吻發表〈為老兵李師科喊話〉，寫出來臺老兵老後無依的悲情；一九八七年解嚴放寬電檢後，有電影公司投入競拍改編此案，先是隔年六月上映午馬主演的《大盜李師科》，接著暑假上檔李祐寧導演、吳念真編劇、孫越主演的《老科的最後一個秋天》。

民間則流傳，李師科是因為對國家不滿、搶劫國家的錢來回敬，行搶以後也沒有獨佔鉅款，而打算提供給友人作為孩子的教育經費。部分的人視李師科為俠盜，位於新店的無天禪寺，甚至為李師科立了塑像。**李師科獲得了屬於他的判決，在社會留下了褒貶不一的評價；蒙受不白之冤的王迎先，犧牲生命換得刑事訴訟法第27條修正，俗稱「王迎先條款」，此後被告在偵查過程得隨時選任辯護人，以防止警方刑求逼供。**

事件過後，銀行等金融單位開始參考歐美作法，漸漸不再要求行員挺身抵抗搶匪，畢竟，沒有任何財產比生命更寶貴。

「我們相約臺灣見！」阿爾巴尼亞也有個臺灣

你聽過「阿爾巴尼亞」這個國家嗎？對這個國家有著什麼樣的印象呢？也許知道它的GDP不太高，或是人民多數信仰伊斯蘭教，語言雖然是印歐語系但是跟周邊的國家都沒有關係等等。總之，臺灣大多數的人對阿爾巴尼亞的了解並不算多，甚至可能幾乎等於零。但是在阿爾巴尼亞的首都地拉那（Tiranë）卻有一棟樓，名字叫做「臺灣中心」

（Kompleksi Taiwan），明明中華民國跟阿爾巴尼亞又沒有建交，這又是為什麼呢？

一九六〇年代中華人民共和國與蘇維埃社會主義共和國聯盟（蘇聯），由於對共產路線之爭相左而交惡。當時，阿爾巴尼亞幾乎是唯一在東歐之中完全支持中國的國家。這個決定讓阿爾巴尼亞被蘇聯為首的其他東歐社會主義國家孤立，也導致阿爾巴尼亞在很長一段時間之內，經濟遠遠落後其它東歐國家。被孤立後，阿爾巴尼亞只能仰賴中華人民共和國的援助。

到了一九七〇年代時，中阿兩國關係又再度因為路線之爭因而有了裂痕，但是相較之下較為親中的阿爾巴尼亞，仍然**在一九七一年在聯合國大會提出「二七五八號決議」，使中華人民共和國取代中華民國成為聯合國內「中國」的代表國**。隨後「中華民國」黯然退出聯合國，這個決議就成為我們傳統教科書內所說的「排我納匪案」。

就在阿爾巴尼亞才剛協助中華人民共和國加入聯合國後，隔年美國總統尼克森就訪問北京，這令堅持「社會主義」的阿爾巴尼亞非常的生氣，認為中國開始靠攏「資本主義」是走革命的回頭路，是背叛共產陣營。美國當時在越戰吃足苦頭，非常需要中國來牽制蘇聯與越南；而對中國來說，與蘇聯關係的惡化，也需要與其他強權建立合作關係，所以中美關係的和緩是遲早會發生的事。

中阿關係正式破裂在一九七八年，中國副總理鄧小平宣布全面停止對阿援助，這對阿爾巴尼亞的經濟更是雪上加霜。在這個歷史背景下，關於首都地拉那市內那座臺灣中心的命名有兩個說法：**其一是中阿關係惡化之後，所以把這個地方改名為中國的敵人：臺灣。**但是這個說法比較偏向於謠言，畢竟當時的共產政府如此不歡迎資本主義陣營，怎麼會允許首都的中心改名成臺灣呢？

另外一個說法，**當時阿爾巴尼亞人民不喜歡共產體制，也不喜歡政府親中的政策，所以約在這個廣場聚會的時候，就會唱反調的說「我們約臺灣見。」，漸漸的這個地方就變成「臺灣」了。**

先不管為什麼取名臺灣，但是臺灣中心裡面的臺灣餐廳（Restaurant Taiwan）竟然不是賣臺式餐點，這完全不科學！中心都已經叫臺灣了，不是正是一個宣傳臺灣的好機會嗎？大家快點一人一信給觀光局，在臺灣中心開一家珍珠奶茶店也好！

中華民國總統府的各種名字

1、請依下圖填空回答：(5分)

臺灣總督府 → ＿＿＿＿＿＿ → 總統府

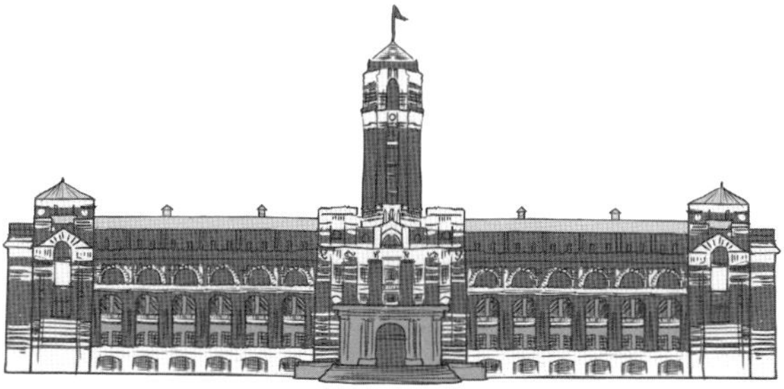

你知道臺北市重慶南路一段一百一十二號的地址是哪裡嗎？在你打算跳過這篇冷知識看下一篇，或是使用google大神以前，還是先公布解答好了！答案就是目前我國元首的辦公場所——總統府。建造於日治時期的總統府，除了是博愛特區的中心點以外，也是臺灣的政治中樞，許多抗爭過去也在總統府前舉行。

那下一個問題，有人知道總統府這棟建築物，過往曾使用過的名字嗎？反應夠快的讀者，可能馬上就會會想到日治時期時它叫做「臺灣總督府」。不過，你知道嗎？在總督府與今日正式的名稱「總統府」之間，其實還有一個曾使用了約一甲子的名字唷！

二十世紀初，第五任臺灣總督佐久間左馬太在任時，眼見臺灣局勢大致底定，決定興建臺灣總督府的永久辦公廳舍，也向日本本島內進行公開徵稿，最後採用了大阪出身的知名建築師森山松之助的設計。興建的工程自一九一二年開始動工，並於七年後的一九一九年竣工。在完工以後，好長的一段時間內，臺灣總督府一直是臺灣島內最高的建築物。而在太平洋戰爭期間，作為臺灣行政中樞的臺灣總督府也成了美軍空襲的主要目標物之一。歷經數次劫難而屹立不搖的總督府終於在一九四五年五月三十一日的臺北大空襲當中被正面擊中，而結構遭到破壞的總督府因此無法繼續使用。

而當時最後一任臺灣總督安藤利吉，也因為廳舍不堪使用而轉至臺北市役所（現在的行政院）辦公。隔年，**一九四六年，為了慶祝蔣介石的六十歲生日，各界湧入的捐款將因戰火而嚴重損毀的總督府修復並改名成「介壽館」，介壽館前的道路也因而改名為介壽路。**

一九四九年十二月，中央政府遷往臺灣，行政院和總統府同時遷到介壽館辦公，隔年隨著蔣介石恢復職權以後，介壽館便正式的成為總統的辦公空間。直到一九九六年時任臺北市長的陳水扁，**基於對臺灣原住民歷史及文化的尊重，以早期居住在臺北的平埔族原住民凱達格蘭族為名，將介壽路改名為凱達格蘭大道。十年後的二〇〇六年，陳水扁總統才為了彰顯憲政上的意義以及名實相符，正式的將原來的具有強人色彩的「介壽館」更名為中性的「總統府」**。

將介壽館的名字改成總統府，是臺灣從過去的個人崇拜的威權時代轉型成民主、人權社會的一小步。順帶一提，雖然總統府前的介壽路已經改名成凱達格蘭大道了，但是隸屬於中正一分局的介壽路派出所仍然維持著既有的名字，並沒有隨之更改，到現在還是叫做介壽路派出所，而不是凱達格蘭派出所唷。

火炬之下的往事，中油的識別標誌之謎

生活中無論是走路、騎車、開車，都不難看見中油的加油站以及加油站外頭大大的中油看板，應該對它的存在早就習以為常了。不知道大家是否曾好奇過，為什麼中油的識別標誌除了有點像美國漫威英雄・美國隊長的盾牌之外，下方卻有個唐突的「資」字？到底是中資、臺資、港資、還是神盾局資，就讓我們繼續看下去……

這要從中油的歷史開始說起。**中油原來的全名為「中國石油有限公司」**，於**一九四六年六月一日在上海成立，隸屬於資源委員會。**同年十二月，中油根據上海總公司的公文及彩色三環圖檔，制定了商標：**火炬及有著資字的三個藍色環圈**。雖然從創立以來，歷經了幾次改隸、改組、更名（從中國石油股份有限公司改為臺灣中油股份有限公司），但商標始終未曾更動，還是當年的有資字的三環圍繞著火炬。換句話說，目前我們所看見的中油識別標誌就是沿襲著當年的識別標誌，標誌當中的資字所代表的就是原先中油所隸屬的資源委員會。

那麼資源委員會又是什麼呢？一九三五年四月，**國防設計委員會與兵工署資源司合併易名資源委員會，隸屬國民政府軍事委員會。資源委員會原來的主要工作是負責調查、研究及開發資源，後來逐漸轉型成為主管國內各種重工業的單位，包含：電業、煤、鋼鐵、礦產、機械、石油、水泥及紡織**。一九三八年三月，資源委員會改隸經濟部；一九四六年，戰爭結束以後，又調整隸屬於行政院；一九四九年，因應國共內戰，又重新回到了經濟部底下；到了一九五二年才因為行政院的機構簡化而被裁撤，原先資源委員會的業務、人事、財產、經費一律由經濟部接管。

除了中油以外，資源委員會也曾經管理當時名為台灣糖業股份有限公司的台糖和台灣肥料股份有限公司的台肥，因此也能夠在標誌上看見資源委員會的痕跡。而且，兩者的標誌也和中油的標誌有著異曲同工之妙，同樣是三個圓圈加上一個資字。而當初也曾經被資源委員會管理的台灣電力股份有限公司商標，也同樣是相仿的以三環作為基本結構。

當年資源委員會的所掌管的事業目前只有中油與臺肥的標誌上還保有著「資」字，這個圍繞著火炬，下方有資字的三環標誌已經存在多年了，上頭的「資」字讓我們還能依稀記得當年的資源委員會，以及曾隸屬於資源委員會的歷史。

介壽公園裡的銅像並不是你以為的那個人

在臺灣，介壽路是常見路名，臺北市曾經有介壽路，板橋有介壽街，桃園、新竹、高雄也都有介壽路。而博愛特區的總統府前就有一座介壽公園；不過，你知道嗎？臺北市介壽公園裡面的銅像其實不是蔣介石的銅像，那他到底是誰？

揭曉謎底之前，先來了解為什麼會有這麼多的介壽吧！**「介壽」這個名字最直白的**

意思就是向蔣介石祝壽，在早期，不光道路會以介壽命名，有些建築物或是公園，甚至是比賽也會以介壽命名，而其中便有可能帶有向蔣介石祝壽的意涵存在。也因為這樣的緣故，昔日以介壽為名的各種道路場域，未來可能會因為「促進轉型正義條例」而面臨改名的命運。

一九四五年戰爭結束以後，中華民國接收臺灣。一九四六年臺灣各界為了慶祝國民政府主席蔣介石六十大壽，在仕紳主導下集資捐款修復因為盟軍空襲而損壞的臺灣總督府，並將館舍更名為「介壽館」。隨著建築物名字的改變以外，介壽館前清末時被稱為東門街的道路也隨之改名為介壽路。

一九六四年時，為了迎接光輝十月並配合各項慶典，臺北市政府積極整頓市區，拆除了介壽路和公園路口的違章建築拆除，並趕工建設新的公園。由於這個公園位在介壽路上，因此也就取名作介壽公園。在工務局努力趕工下，介壽公園在不到一個月半內完工，並在當年蔣介石生日時舉行為期一週的菊花展覽。

又過了兩年的一九六六年，適逢林森誕辰百年，**為了紀念林森百年誕辰而組成的「林**

森先生百年誕辰籌備委員會」在經過第一次會議後，決議在在臺北市區擇地建築林森像一座。

這位林森是誰？他曾任國民政府主席，一九三一年到一九三四年在職，不過這時的國民政府主席因為一九三一年十二月三十日國民政府組織法修訂而變成虛位元首。而在一九三七年戰爭開打以後，國民政府的實權則落在國民政府軍事委員會委員長蔣介石的手中。一九四三年八月一日林森在重慶和美軍車輛相撞，因車禍逝世。

而臺北市政府，基於紀念前國民政府主席林森生前對黨國之貢獻，並配合林故主席百年誕辰籌備委員會決議因此決定將林森的銅像安置在介壽公園，以讓廣大的市民得以瞻仰。在一九六九年十一月十五日，總統府秘書長兼林森先生百年誕辰紀念籌備委員會主任委員張群在臺北市介壽公園主持林森銅像的揭幕典禮。該座林森銅像全高十六台尺（約四點八公尺），以鉋金青銅鑄成，許多黨政機要也都出席觀禮。據說，林森銅像的底座還是沿用原址樺山資紀銅像的底座。在不同的脈絡下，介壽公園和林森的銅像陰錯陽差的交會在一起，促成**介壽公園裡面沒有蔣介石銅像，林森銅像不在林森路或是林森南北路上的現**

象。

時過境遷，臺北市的介壽路在陳水扁市長任內，將帶有蔣介石個人色彩的介壽路改名為凱達格蘭大道，以象徵對臺灣原住民族歷史及文化的尊重；而介壽館也在二〇〇六年更名為總統府。雖然介壽路路名不再，但是以它為名的介壽公園和附近的介壽路派出所卻以一種曖曖的方式留下歷史見證。

在城鎮與鄉野間穿梭和延續的浪漫台3線

為什麼臺灣客家族群的居住聚落多集中在桃竹苗等山丘地區？我想原因很多人應該都知道，其實是當年閩粵械鬥的結果。不過二〇一六年時，有立委曾對於客委會提出了「浪漫台3線到底是哪三線」的質詢，雖然引來了一陣訕笑與諷刺，但也算是成功為政府客家推廣活動做了成功的宣傳，也讓好多人忍不住發問：台3線到底是哪三線呢？

當然事隔多年後，大家都知道台3線只是一條公路，就像八八坑道不是八十八座坑道一樣。儘管桐花與客家之間的連結，很有可能只是為了行銷而加工出來的，不過確實，台3線經過了許多客家聚落，因此客委會想將台3線包裝成一條體驗客家文化的路線，也並不感到讓人意外。

關於台3線這條路到底是從哪裡開始，又在哪裡結束呢？台3線的起點位於行政院前的忠孝東西路、中山南北路交叉口，這在本書的前作《臺灣沒說你不知道》中也有提過，這個十字路口是台1甲線、台9線、台1線、台3線、台5線這五條重要公路的起點。從起點出發，台3線會與台1線短暫共線，直到臺北北門附近分手。分手後台3線便穿過新北市的板橋、土城、三峽，進入了桃園。從這裡開始，如果大家還跟我們一起在路上，就會開始看到跟台1線非常不一樣的景觀：山丘與臺地。是的，這樣的印象，就是台3線的別稱「內山公路」的由來。

台3線的開發最早源於清代，有軍事與「撫番」之用，之後在日治時期，更修建了包含中豐公路在內等多段山區道路，以防如果靠海的台1線被轟炸，還有山區的道路可供南北物流之用。後來的台3線，便是串起這些早期的戰備道路、產業道路而形成，並在之後拓寬修建成全線四線道，成為今天人們所認識的台3線。

雖然名叫內山公路，但是台3線並不是真的翻山越嶺，而是連接了接近山區的鄉鎮市區。也就是說，也許沿途真的都是像是走在山裡，但是不到半小時，你就會來到一個小小的市區，然後又開始下一段旅程。從地形圖上面看，會發現台3線很巧妙地遊走在平地與山地之間，或者可以說是精巧地標出了山區的交界。不同於穿越臺灣西部平原的縱貫線台1線，台3線隱身於西部的山邊，默默地連接起山區的鄉鎮市區，也肩負著串連山區觀光景點的角色。最後全長436.8公里的台3線結束於屏東市，再接回台1線。

雖然不若台1線與台9線兩個老大哥具有環島公路的特殊意義，越過山丘、走入山城的台3線帶有獨特的氣息，但也同樣肩負著連接南北、交流人貨的角色。實際走過任何一段台3線的路段，你會發現，你所看到的，絕對不是只有桐花而已。

所以再問大家一次，**台3線到底是哪三線呢？應該是中豐公路、中潭公路和澐密戰備道路吧**。你們一定覺得我是不是又寫錯了，前面講那麼多，台3線不就是一條公路，怎麼又自打嘴巴？其實前述這三個公路名稱只是台3線在不同地區的別稱啦！

沒有佛像也不進行宗教活動的各種寺

幾年前紅極一時的中國電視劇《後宮甄嬛傳》中，主角甄嬛在自家門時，都會提到她父親甄遠道是「大理寺少卿」。可能有些人會覺得奇怪，甄嬛她爸又不是和尚，怎會在什麼「大理寺」裡面工作呢？電影《通天神探狄仁傑》中的飾演狄仁傑的劉德華也偕同飾演「大理寺少卿．裴東來」的鄧超辦案，「大里寺」到底都是什麼地方，裡頭都在做些什麼呢？

通常大家聽到「寺」就會直覺聯想到佛教的宗教場所，例如「少林寺」、「龍山

寺」、「善導寺」等等，但其實古時候的「寺」，沒有你想的那麼簡單，也不見得就是指「佛寺」喔！

「寺」在中國最早是指政府官員的衙署，如《說文解字》：「寺，廷也。」就指明了它政府機構的性質。中國的皇帝制度始於秦漢時期，當時朝廷官僚系統以「三公」（丞相、太尉、御史大夫）下設「九卿」：太常、光祿勛、衛尉、宗正、太僕、廷尉、大鴻臚、大司農、少府（不同時期有若干變動）；當中九卿的官署便稱為「寺」，如：光祿勛的「光祿寺」、大鴻臚的「鴻臚寺」。

到了唐宋時期，「寺」仍在朝廷的編制之中，如《新唐書》：「其官司之別，曰省、曰臺、曰寺、曰監、曰衛、曰府，各統其屬，以分職定位。」雖然後代官制多有沿革，但「寺」這樣的單位到了清朝結束才消失，前面提到的**「大理寺」主掌業務就是覆核司法案件，其實就等同於我們現在的司法部門。**

解釋這麼多，那原本是政府單位的「寺」怎麼會變成佛教的宗教場所呢？這就要回顧中國佛教史的開端。關於佛教如何傳入中國，最廣為人知的說法是「白馬馱經」的故事：

東漢明帝夜夢金人而和群臣討論其意義，大臣認定這和西方傳說中的「佛」有關。而後漢明帝遣人西行求法，途中遇到兩位西域僧人攝摩騰、竺法蘭，正以白馬載著四十二章經東行傳道，於是便將他們迎入洛陽，暫時安置在鴻臚寺中。沒錯，就是《鹿鼎記》中韋小寶尋找的那部《四十二章經》。

後來漢明帝特別建造了新的建築物供兩僧弘揚佛法，遂沿用鴻臚寺之名稱之為「寺」，並以「白馬寺」紀念白馬馱經之功；隨著佛教在中國逐漸傳開，陸續新建的佛教建築也就跟著以「寺」為名了。

說了這麼多，你還知道「寺」除了指官署、廟宇等硬體建築以外，也可以指人嗎？在中國古代，**「寺」也有「宦官」的意涵，如「寺人」、「閹寺」都是比「公公」還要古老的名稱。**從今以後你應該知道千萬不能用「寺人」來稱呼「住在佛寺裡的人」了吧！

國語日報的前世與今生

在臺灣發行的《國語日報》有一個不只是臺灣之最，更是世界唯一，但你我可能乍看不會發現的特別之處，那就是**除了每篇文稿的標題外，全文都附有注音符號**。之所以會全文都加注注音，這是因為這份報紙的目標客群並非成人而是兒童，因此《國語日報》上的新聞，不像坊間一般的報紙主要刊載政經與社會新聞以及影藝新聞；《國語日報》上的新聞是以文教類為主軸，所以有些家庭會為了幫助小孩子學習中文或是培養閱報習慣而訂閱《國語日報》。但被大多數讀者所遺忘或根本沒有記憶的是，在很久很久以前《國語日報》創刊之初時，目標讀者並不是設定給兒童閱讀的報刊。

《國語日報》的前身是一九四七年一月十五日由教育部在北平（今天的北京）創刊的《國語小報》。二戰結束以後，臺灣人意識到即將回歸中國，必須學習國語，因此臺灣社會展開了積極學習國語的熱潮。而政府也成立了臺灣省國語推行委員會來推行國語。一九四八年一月時，時任教育部長的朱家驊來臺視察教育，他注意到臺灣正在努力讓國語普及，因此決定將北平的《國語小報》遷到臺灣辦理，以發揮更大的功效。過了不到半年，**一九四八年六月國民政府發布訓令將《國語小報》遷到臺灣辦理，改名為《國語日報》，並指示由臺灣省國語推行委員會的主任委員魏建功及副主任委員何容負責籌備，預計在雙十節時出版。**

雖然當初計畫將《國語小報》遷臺的訓令內容相當完整，但是在執行上卻困難重重，因為局勢變化，幣制改革，因此原先安排妥當的事情全變了卦，《國語小報》沒有交撥所有器材，教育部所編列的經費也下不來。負責籌備《國語日報》的人們只能咬牙從七月開始準備，並好不辛苦地在**同年的十月廿五日，《國語日報》發行了創刊號。**（所幸是光輝十月，十月十號出不來還有十月廿五號。）

創刊號選在十月廿五日發行，背後的意義不彰自顯。在創刊號上，售價是每份一百元，訂閱的話則是兩千六百元，社址則是寫臺北市植物園內。在頭版上，有著一段教育部長的專文〈寫在創刊前的幾句話〉，因為時值國共內戰，除此以外，新聞標題主要還圍繞著戰事打轉，但除了戰情以外，也有些國語運動或是比較輕鬆的版面，例如〈學國語，習國文的五本有用的書〉、〈放學不回家的小白兔〉。因為創刊日的前一天廿四日是聯合國日，因此也有聯合國日的相關報導。

歷經石破天驚的創刊號發行以後，因為物資的缺乏，要一直到十一月十九日才再發行了第二號，而後改為一日一刊的日報。原本在創刊號定價為一百元，但到了第二號，定價立刻上漲50%，變成一百五十元，而訂閱的價格則是變成三千三百元。

早期的《國語日報》並沒有將兒童視為主要讀者，從早期介紹副刊〈兒童〉的文章當中可見一斑。

「報紙往往沒有小孩們的份兒，我們願意為下一代服務，將請兒童教育專家張雪門先生主持。他編兒童，想來兒童們皆大歡喜。」

在甫創刊，報務搖搖欲墜的時期，剛好推行國語運動的吳稚暉來臺，在他的倡議之下，找了教育部國語推行委員會的成員，以及熱心國語運動的臺灣人一起成立董事會，將《國語日報》當成社會事業來經營。董事會正式成立以後，推舉傅斯年為董事長，洪炎秋為社長，並由吳稚暉擔任名譽董事長。國語日報董事會成立後，把報紙當做一個社會事業來辦。後來，經營狀況才慢慢改善，慢慢成長茁壯。**一九六二年時還在臺北市福州街建了臺灣史上第一棟為了報業而興建的大樓。**

一九四八年時，《國語日報》漫天烽火地在臺灣創建，到現在已經超過一甲子了，報紙的定位也從推行成人的國語普及教育轉型為以兒童為主要讀者的報紙。當初發行《國語日報》的目的，可能也已經被蔓生的歷史給掩過了。

「江子翠」是什麼人，為什麼可以設捷運站？

記得某次與朋友聊天時，討論臺北捷運藍線上有什麼好吃的美食店家，朋友說到：「翠子江站有好吃的早餐店！」話還沒說完，就發現這句話好像哪裡不太對勁……明明就是「江子翠」站哪來的「翠子江」站。咦？那到底誰是江子翠，又為什麼會用這奇怪的三個字來當作地名呢？這個名稱到底是什麼來頭？是為了要紀念誰嗎？

關於江子翠這個地區，不是生活在當地的讀者會有印象的應該就是兩起名稱中帶有「江子翠」的社會事件吧。一起是在數年前，發生的二〇一四年臺北捷運隨機殺人事件，相信大家都還記憶猶新；另一起則是發生在一九九七年的戰後臺灣首件江子翠分屍案。這可能就要三十歲以上的讀者比較會有印象。雖然這兩個事件名字中都帶有地名「江子翠」，不過實際發生的經過卻跟江子翠這個地方雖隔了不到十萬八千里，但還是有段距離。前者的隨機殺人事件發生在臺北捷運自龍山寺站駛往江子翠站的列車上，並在抵達江子翠站後步出車廂並遭到制伏；後者的分屍案發生在臺北市濟南路，只是兇手選擇在江子翠棄屍。總而言之，這兩起事件其實都跟江子翠的所在地域並沒有太大的關係。

那麼，江子翠究竟在哪裡呢？**位在新北市板橋區的江子翠正好就是地處在大漢溪與新店溪兩條溪流的交接處，因此便被取名為「港仔嘴」，意思就是兩條溪流的交接處尖尖的就像嘴巴一樣**。不過，今天的江子翠，最早是東南邊「港仔嘴」莊的一部分。到了清代後期，因為人口成長，今日的江子翠一地，已經獨立發展成莊，為了與原來的港仔嘴莊作出區別，採用了近音的雅字而稱為「江子翠」。發展到後來，反而是舊有的「港仔嘴」莊成了江子翠的一部分了呢。

看到這邊感覺好像有點簡單，再來補充一點點跟江子翠有關的冷知識。前幾年**因為校樹遭砍伐爭議而上新聞的江翠國中，其實就是坐落在江子翠的國中，當初在設立學校的時候，因為一般國中都習慣以兩個字命名，所以才會將中間的那個虛字子去掉了，命名為江翠國中。**而知名樂團「蘇打綠」的主唱青峰正是江翠國中的校友之一，當初在護樹運動時，青峰也曾為它發聲。

從空中轉戰地面，在臺北街道穿梭的捍衛戰士

如果是常常往來臺北市文山區的朋友、或唸過俗稱貓空大學的國立政治大學或是木柵的居民的話，一定會對路線改名為羅斯福幹線原名236的公車非常有印象吧。如果你是政大師生要離開總是陰雨綿綿、美食沙漠的貓空，前往公館、甚至到臺北車站必搭的羅斯福幹線。不知道曾搭過這班公車、或搭過其他欣欣客運的人，**有沒有注意過欣欣客運車頭那神似戰鬥機外觀的標誌呢？**而且，另

一家一起參與臺北市公車聯營路線的業者大南客運，它的標誌怎麼這麼碰巧也是一臺戰鬥機？難不成它們這麼有默契說好一起開飛機嗎？

要知道這到底是怎麼一回事，就得從日治時期結束的戰後臺灣開始說起了。一九四五年二戰結束，國民政府接收了日治時期臺北市原有的臺北自動車課，並改由臺北市公共汽車管理處接續公車路線的營運與管理，但因為市政府經費有限，原有的路線很快就不敷使用，因此在一九六九年時，進一步開放民營的公車業者一起加入臺北市公車的營運，最終就成為我們今天所看到的臺北市聯營公車囉。

至於故事的主角**欣欣客運與大南客運，便是此時率先加入臺北市公車營運的第一間與第二間業者，而這兩間公司也剛好，都是由裕隆公司與行政院國軍退除役官兵輔導委員會共同成立與管理的公司。**

但至於為什麼會使用戰鬥機來做為標誌，就必須從一九五零年代的「美援」開始說起了。美軍軍事顧問團在臺灣成立後，除了提供中華民國政府軍事上的建議外，也對中華民國軍隊進行部隊的整建與評估。

其中，在空軍的部分，**美軍軍事顧問團便對中華民國空軍的後勤制度進行大規模的改革，裁撤了製造飛機的單位，以限制中華民國製造軍事用飛機伺機反攻大陸的企圖。為了安置這些失業的高階航空工程人員，當時由上海商人嚴慶齡所成立的裕隆，也就這麼「剛好」地延攬了這批工程技術人才。**這也是欣欣與大南兩家客運公司使用戰鬥機作為標誌的原因，畢竟從他們與空軍密切的關係，就不難看出這樣的關聯性囉！

臺灣百岳高山中有幾座是身高不足的偷渡客

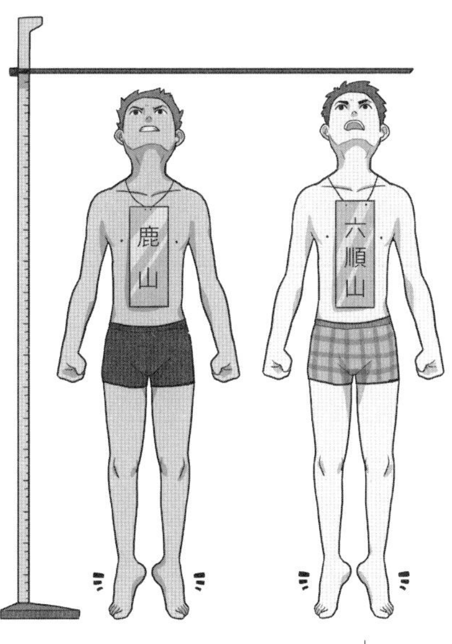

雖然臺灣面積不大，但我們都在地理或地科課裡面學過，由於板塊擠壓的關係，導致山岳的密度十分之高，也是世界上高山最多的島嶼之一。這樣先天獨特的地景，使得臺灣山岳的相關活動也十分的多。

日治時期臺灣的登山活動，之所以會出現，最開始是基於對於統治上的需求，總督府派人進行地理測量與探勘，也一邊調查住在山區的原住民族的風俗習慣，同時當然也不斷的清查藏匿在山區的抗日勢力。進入日治中後期，登山逐漸轉變為一種休閒活動，在臺日人也成立了「臺灣山岳會」來推廣登山運動，不過**僅限於作為內地人的日本人，才能在臺灣休閒的登山，「本島」臺灣人是不能任意進入山區的。**

二戰結束後，接續的「臺灣省體育會山岳協會」雖然有意推動登山活動，但解嚴時期的政治氣氛，以及民間經濟條件不足，登山難以推廣成一種普及的休閒活動。這樣的狀況，**一直到一九七一年山岳協會以「慶祝建國一甲子紀念」為名義，舉辦了南北大縱走，**分成兩隊各自從中央山脈南邊的卑南主山和北邊的審馬陣山出發，最後在南投的七彩湖會合。

總之，這次的南北中央山脈大縱走，引起了當時民間不小的關注，又加上登山界人士前面幾年累積下來的測量與圖說資料。為了趁勝追擊進一步推廣登山，**隔年一九七二年，由數位登山界人士選出一百座具代表性的百岳**，從標高超過三千公尺，且形勢具有特色之山岳中選出百岳，且以具有山名或者山上有三角點者為優先，就成了我們今天耳裡常常聽見的「百岳」囉。

不過，如果今天仔細看百岳的列表，會發現高度位居最後「吊車尾」的兩座山岳，六順山和鹿山雖然高度很接近，卻不足三千公尺，那又為什麼會被選進去百岳之中呢？而且臺灣超過三千公尺的高山超過兩百六十座，照理並不乏其他「人選」，但為什麼要「破格」選出六順山跟鹿山呢？

並不是當初選出百岳時的刻意放水，不知道大家都知不知道玉山有多高呢？不是三九五二公尺嗎？**其實在百岳公布之初，玉山的高度資料是三九九七公尺高，後來經過重測，才發現玉山其實只有三九五二公尺，等於縮水了近五十公尺，其他山岳的高度也同樣有下修**，就這樣最後兩位的六順山跟鹿山在修正過後就小於三千公尺了。但因為百岳早已約定俗成，所以最後這兩座山就安然地留在榜內囉！

心若倦了淚也乾了

臺北文山區的「萬芳」和歌手萬芳有關係嗎？

相信標題一定是很多人從小到大、午夜夢迴時曾想過卻鮮少會查證過的問題，沒關係，這就是我們存在的目的。到底臺北文山區的地名「萬芳」，和歌手萬芳小姐有沒有關係呢？會不會是她從小居住在那邊嗎？還是因為「**回憶過去痛苦的相思忘不了**」才將名字取作地名呢？**正確答案是，一點關係也沒有**！難得一開頭就破哏，是不是很訝異！但也別急著翻頁，雖然你知道了他們之間沒有關係，但你一定不知道「萬芳」這個地名到底是怎麼來的。

首先要先讓大家知道，**在臺北市的各大行政區內，都還有數個「次分區」的小行政區劃分，例如文山區下就有五個次分區：景美、興隆、萬芳、木柵與二格山。**而次分區基本上是由各行政區中，歷史背景相似或是距離相近的鄰里所集合起來的。那麼其中萬芳次分區的典故究竟是什麼呢？**萬芳這個地名，事實上是源自於昔日的兩個礦場：「萬隆礦場」及「芳川（朝日）礦場」**。從兩個礦場當中各取了一個字，於是變成了現在的地名：萬芳，也連帶衍生一系列的相關的地名。

文山區的煤礦是從日治時期便開始開採，大多分布在興隆路兩側及景美溪河岸，因為私人採煤獲利頗豐，因此煤礦曾有「黑金」之稱。一九一九年，日本人為了方便將深坑與石碇一帶的礦產與物資往外運輸，鋪設了景美到石碇間的輕便鐵道——石碇線；之後又於一九二一年興建了長10．4公里的萬華——新店鐵路（簡稱萬新鐵路）。為了煤礦的運輸，後來又增設十五分支線。兩條輕便車路線讓文山一帶的礦產得以運送至萬新鐵路沿線（十五分站及景美站）的儲煤場，再轉由萬新鐵路自臺北郊區運送至臺北的核心地帶。

到了戰後，由於工業發展對於煤的需求，文山地區開採煤礦的熱潮並未消退，此時仍有許多礦坑持續開採，其中也包含了前面提到萬芳地名由來的萬隆煤礦和芳川煤礦。一九四六年，萬隆煤礦開採。（一說為一九五二年開採），不久後的一九四九年陳村頭與陳其志合夥成立了芳川鑛業社，並開始開採芳川煤礦。

臺灣煤礦產量在一九六〇年代左右達到高峰，但隨著能源的使用逐漸轉移到石油化學燃料，加上臺灣產煤的成本過高，無力和品質高價格低的進口煤抗衡，因此造成了煤礦業的沒落。**一九七二年，臺北市政府開始規劃在木柵一四〇高地建設山坡地開發示範社區；兩年後萬隆礦場停止開採。**到了一九七八年，臺北市政府開始進行區段徵收，徵收民地用來興建萬芳社區，並在一九八四年完成社區的興建。

另一邊的**芳川煤礦在一九八四年遇到六三水災後，由於豪雨的沖刷以及臺灣對煤的需求減少而歇業，最後在一九九七年封礦廢坑。**在文山地區產煤極盛時期，芳川礦坑每天有高達五百名礦工開採煤礦。然而，隨著煤礦黃金時代的過去，昔日的開採的光景只能永遠留在當地耆老的腦海中，對現在的我們是很難想像的了。雖然文山區產煤的時代已經結束，昔日礦廠的遺跡或已被植物覆蓋，或已建起一棟棟大樓；不過地名萬芳的留下，還是讓我們有蛛絲馬跡去認識曾經繁榮一時的文山煤礦業。

最後，你知道嗎？歌手萬芳小姐其實不是姓萬，單名芳，真正的本名是叫做林萬芳小姐喔！

龜山島的性別與它消失的孩子

這篇冷知識要請大家暫時出走臺灣本島，除了本島之外，在臺灣附近還有大大小小許多美麗的離島，其中之一就是以外型為人所知的龜山島。**龜山島坐落臺灣外海，位於蘭陽平原東面的太平洋上，因為外型像浮龜而得名的一座火山島。**

不過，大家有沒有想過，這隻長年浮在太平洋上的烏龜，究竟是公龜還是母龜呢？要想知道答案，我們可以找找日治時期的臺灣地圖，可以發現龜山島旁寫著小小的「龜卵島」。所以龜山島其實是一隻母龜。但若現在到宜蘭往龜山島方向，可是看不到龜卵島的唷！

龜山島西南方的海面上，原本有一座若隱若顯，面積不大的小島，像極了烏龜產的

卵，而被稱作龜卵島。不過，在一九四三年某天的夜間，海邊傳來一聲巨響以後，龜卵島就從此消失了。**有個說法是，當時正逢二戰期間，美軍把龜卵島誤認為是日本帝國的軍艦，因此對它進行轟炸，導致原本就不大的龜卵島在一夕之間被炸得灰飛煙滅，而成為歷史絕景。**

而除了已經消失的龜卵島以外，龜山島上還有一副相當特別的門牌。一九七七年，政府將龜山島劃入火砲射擊試驗場的射擊區域，因為軍事上的需要而將龜山島民強制遷村，島民全部搬遷到宜蘭縣頭城鎮大溪里的國民住宅（仁澤社區）。而原先島上供奉媽祖的拱蘭宮內的神像也跟著離開島上一同遷到了大溪，並在當地重新興建廟宇繼續祭祀媽祖。之後，島上空下來的媽祖廟被駐島的軍人改為觀音廟，裡面奉祀南海普陀山觀音菩薩，並改稱為龜山島普陀巖，繼續庇佑島上的住戶們。

而在一九九九年時，仁澤社區的居民爭取將社區改名成龜山島、以及恢復遷村之前的舊名龜山里，讓下一代知道他們來自何方。如果來到頭城的龜山里，走在龜山路上時，可以順利找到280號和284號的門牌，不過282號的門牌卻會遍尋不著。因為，**當初**

在編列龜山路的門牌時，將282號留給了還在島上的普陀巖，而普陀巖的龜山路282號，也是整座龜山島上唯一的門牌。

在經過封島二十多年以後，二〇〇〇年八月一日，龜山島正式對外開放觀光。為了避免來往遊客破壞島上生態，因此登島前需事先經過申請，而每天登島的人數也有所限制，以便維護環境品質。除了特殊而有意義的門牌外，龜山島還有著名的龜山八景可以欣賞。雖然龜卵傳奇已經在某天夜裡神秘消失以外，分別還有龜山朝日、神龜戴帽、神龜擺尾、龜島磺煙、龜岩巉壁、眼鏡洞鐘乳石和海底溫泉等其他七景可以欣賞，有機會登島的話不訪一起眺望海邊，遙想當年龜尾的那座龜卵島吧！

誕生於戰火之中的家庭常備藥

小時候腸胃消化不順，肚子脹氣或拉肚子一瀉千里的時候，老一輩的阿公阿嬤都會說「緊去呷臭藥丸仔。」的正露丸，雖然是日本製的成藥，到今天也一直是許多臺灣家庭的常備用藥，但正露丸這個名稱的由來，背後其實隱藏這一個殘酷血淚的故事。

日清甲午戰爭時期，因當時飲用水不衛生讓傳染病疫情擴大，造成慘重災情。為了避免類似的情況再次上演，日本陸軍軍醫學校發現木餾油可以抑制傷寒菌。而當時日本陸軍也同樣飽受腳氣病之苦，對德國醫學和細菌學相當崇敬的陸軍醫校校長森鷗外，認為可以抑制傷寒菌的木餾油，也一定可以抑制形成腳氣病的

「腳氣菌」。因此**在日俄戰爭爆發時，製作了大量正式名稱為「木餾油丸」的藥物，並發放給日本士兵，希望能夠解決長期以來困擾日本陸軍的腳氣病。**

不過，其實因為腳氣病的成因是缺乏維生素B，跟細菌完全無關，所以，軍方精心製作的「木餾油丸」並沒有任何效果。日俄戰爭中的日本士兵仍然面臨腳氣病的侵襲，有近三萬人因為腳氣病而死亡。

而「正露丸」這名字最早其實是叫做「征露丸」，是從日俄戰爭中得來的。當時日本稱俄國為ロシア（ROSIA）日文漢字寫作露西亞，因此日俄戰爭在日本又稱為征露戰爭。雖然完全沒有治療腳氣病的功效，但也意外發現「征露丸」有治療腹瀉的效果。

所以隨著日本在戰爭中的勝利，「征露丸」止瀉的效果廣為流傳，甚至認為是「征露丸」的神奇功效帶領日本擊敗了俄羅斯。在二戰的時候，由於日本很快速的掃蕩並佔領大東亞地區，「征露丸」也就傳遍整個東亞，各個日本占領區都能夠發現「征露丸」的蹤跡。但為什麼後來又改稱「正露丸」呢？**這是因為二戰結束之後，日本身為戰敗國，考量到國際禮儀以及為了國際關係著想，所以改為比較沒有那麼明顯政治意涵的「正露丸」。**

除了在戰爭中一舉成名的解決腹痛腹瀉的相關問題以外，「正露丸」還有減緩蛀牙造成牙髓發炎的疼痛。不過，它只能減緩疼痛，無法真正解決蛀牙的病情。在疼痛緩解以後，還是得去看牙科才行。

今天誰能想到當初的為了腳氣病而研發的「征露丸」，並沒有因治療腳氣病無功而消失，反而搖身一便成為知名止瀉止痛藥，流傳至今。因應時代變遷有了無味的糖衣碇可以選擇，但自己還是習慣那強而有力的氣味，會讓人聯想到長輩們藏在強硬態度下的關愛。

一直到今天，在東亞，包括臺灣、日本、中國在內，仍然有許多廠商生產「正露丸」；甚至，也還有少數廠商仍使用昔日的舊名「征露丸」，這也算是一種歷史見證吧！

高雄都市傳說，捷運圖上找不到的消失車站

自一九九六年臺灣第一條臺北捷運木柵線通車以後，捷運就逐漸成為雙北生活圈交通運輸的重要骨幹。二十多年後的今天，四通八達的臺北捷運，更成了代表大臺北都會區重要的地景之一。說到這裡，如果是住在南部的你，可能會立刻想要抗議，南部人口最多的城市高雄，也有自二〇〇八年逐步通車的三條捷運路線，紅線、橘線跟環狀輕軌呀！

是的沒有錯，雖然通車時間比起臺北捷運晚了不少，但高雄捷運與其虛擬代言人高捷少女，人氣與被討論的熱度可是不相上下呢！甚至還吸引海外的動漫迷跨海前來朝聖。不過你是否曾留意過，高雄捷運車廂或是站內的路線圖，除了有中英文對照的各站站名，也有代表各路線的英文字首R、O與C並與數字依序搭配著。像是R3就是紅線的首站小港，O1則是橘線的起點西子灣站。

不過好像哪裡怪怪的？仔細觀察，就會發現橘線鹽埕埔站（O2）右邊的下一站，居然不是O3而是直接跳到市議會站（舊址）（O4）去了；還有，紅線的起點站是從小港站（R3）而不是R1開始，究竟消失的O3、R1、R2這幾個站跑哪兒去了呢？

其實事情是這樣的，原來高雄捷運起初於一九八九年規劃時，愛河站（O3）當初的設站，是為了舊高雄市政府（現在的高雄市立歷史博物館）前附近交通方便而設置的。但是隨著愛河站址附近的高雄地下街（今天的高雄市二二八和平公園）遇到大火而廢棄不用，往來人潮大幅的減少，以及日後市政府搬遷到位於四維三路的現址，加上原先規劃中O1的站址因為高雄港務局處施工困難得向東移，造成鹽埕埔站的O2也向東移動了三百公尺，離Ｏ３站實在太近了，種種因素之下Ｏ３站就取消設置了。

那紅線的Ｒ１站跟Ｒ２站又跑去呢？Ｒ１、Ｒ２站則是分別因為原本取代小港機場新國際機場的設置計劃取消，以及大坪頂的新市鎮計畫，自一九八七年核定開發以來，遲遲未能達到當初規劃的水準與效益，因而取消設站。不過，隨著高雄捷運未來路網的規劃，計畫中的小港林園線，可能就會讓Ｒ２站復活了呢！

那路線圖裡的Ａ又是什麼意思呢？像是草衙站（Ｒ４Ａ）、橋頭糖廠站（Ｒ22Ａ），這裡的Ａ都是代表addition，也就是後來因為觀光、雙邊的站距過長等因素而增設的站喔。下次有機會到高雄玩，不妨也盯著路線圖看個清楚，也告訴身邊的高雄朋友這個他們在地人也不一定知道的秘密吧！

這片土地一家人

隱藏在臺灣的馬雅遺跡、送鐘送傘其實並不NG、可以躺在馬路上的民俗祭典、原住民對抗進擊巨人的神奇武器、為什麼臺灣那麼多燒臘店、一場耗時最長的碩士口試……這些發生在島嶼上的族群往事現在就說給你聽。

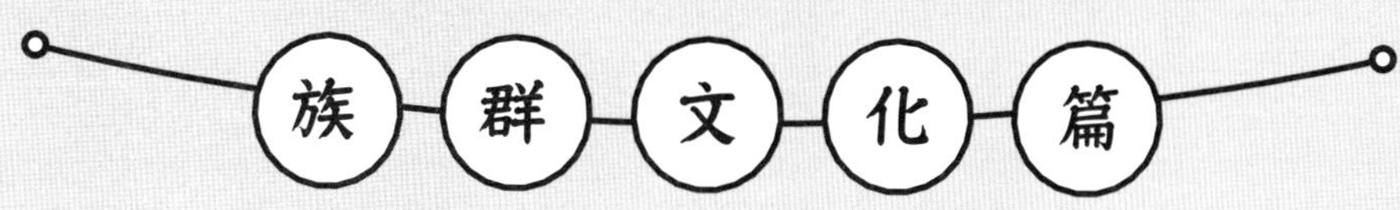

瑞典的末代臺灣總督與三百年前的和平條約

現在要你在三十秒內舉出臺灣跟瑞典的關係，你會立刻想到什麼呢？是遍及臺灣的平價傢俱廠牌ＩＫＥＡ「宜家家居」嗎？除此之外，你可能不太清楚，臺灣與瑞典還有哪裡扯得上關係。其實，臺灣曾經一度被瑞典人治理過唷！

咦，殖民過臺灣的歐洲國家不是只有荷蘭和西班牙嗎？什麼時候還多了個北歐國家瑞典呢？其實，之所以會多了個瑞典，可要歸功於一位**當初任職於荷蘭東印度公司的瑞典人——「揆一」（Frederick Coyett）。這位統治臺灣的末代臺灣總督（Gouverneur van Formosa），是出身於瑞典首都斯德哥爾摩的貴族世家。**很可能是因為他的家族是自荷蘭

遷居至瑞典，所以他長大成人後便加入了荷蘭東印度公司，**也讓他成為目前可考的文獻紀錄中，第一位造訪日本、中國與臺灣的瑞典人。**

過去從歷史課本中，我們都會讀到鄭成功率領船隊，趁著月黑風高漲潮時，從鹿耳門登陸而打敗了荷蘭人，使得荷蘭東印度公司末代總督揆一開城投降。不過，歷史課本，因為礙於篇幅的關係，沒說到的是當初鄭成功的兵力足足是荷蘭駐軍的十倍，但卻打了好幾個月都還打不下揆一領導的荷軍。鄭軍的圍城作戰效果並不顯著，後來能戰勝荷蘭駐軍，是藉由叛逃的德國士兵獻計才突破了荷軍的防線，迫使揆一投降。

一六六二年失掉臺灣的揆一，回到荷屬印尼的巴達維亞（今天的印尼雅加達），以失掉公司重要資產的罪名，被流放到巴達維亞東北方的班達群島（Banda Islands），後來在親友各方奔走下，被關押十二年之後，揆一到了一六七四年才被釋放。**被釋放後的的揆一，也出了一本書（'t Verwaerloosde Formosa）網路書店上還找得到此書的翻譯本《被遺誤的臺灣：荷鄭台江決戰始末記》，書中譴責荷蘭東印度公司高層拒派援軍、貽誤時機，導致最後荷蘭東印度公司失去臺灣。**

曾到過臺南赤崁樓的朋友，一定看過鄭成功跟揆一議和圖的雕像吧，但是你可能不知道的過去雕像中的揆一可是跪著投降的。一九八三年時，幾位荷蘭國會議員來參觀赤崁樓後，認為這不符合史實，荷蘭人投降頂多鞠躬，不會跪著受降，所以現在才改成低頭鞠躬的版本。但是，即使是現在的版本還是有人因為揆一沒有配劍，認為也不符合實際狀況。

如同現在瑞典在國際間，關注和平、難民問題、政治庇護議題一樣，揆一提出和平條約的第一條就是：「從此雙方忘卻戰爭期間的仇恨」，並且希望子孫可以重回臺灣，感謝鄭成功不殺之恩。**而在二〇〇六年揆一的後代子孫也真的履行三百年前所訂下的條約，來臺遊覽並祭祀鄭成功，感謝當年對先祖能網開一面。**

而另一個趣聞是二〇一〇年時，曾參選嘉義市議員·目前已改名為「黃宏成臺灣阿誠世界偉人財神總統」的黃宏成先生，還曾經到瑞典找尋揆一的後代。一起親吻積雪的大地，希望臺灣與瑞典的友誼長存，雖然也是促進和平跟外交，但是可能跟當初治理臺灣的瑞典人總督揆一想像的不太一樣吧。

「卑南文化遺址」是卑南族的祖先嗎？

一九八〇年七月臺灣考古界發生了一件大事，因臺灣鐵路管理局在興建南迴鐵路台東新站時意外揭露了大量的史前建築遺構與相關文物。經過臺大考古隊的搶救與研究後，**於一九九〇年二月，教育部成立了國立臺灣史前文化博物館籌備處，直到二〇〇一年七月正式開館。**

書前如果有知道或聽聞這段關於國立史前文化博物館成立始末的朋友年紀應該都不輕了吧。而到了今天，當地仍持續在進行開挖與分析的人類學研究也證實在**今天臺東的卑南、富山、東河、花蓮的瑞穗一帶，有著非常龐大且文明程度相當興盛的卑南文化遺址。**

根據考古研究顯示，卑南文化人的活動時間大約在距今大約五千三百年前到兩千三百年前，而在卑南地區出土的石棺、玉石、陶器文物皆達到臺灣考古史的空前紀錄，同時也是環太平洋地區最大的石板棺墓葬遺址群，可以說是臺灣目前最具代表意義的史前遺址。**史前博物館的成立來自於卑南文化遺址的發現，因為位於臺東縣卑南鄉，因此命名為「卑南文化」**。而今天的卑南鄉，也是許多卑南族部落的主要聚集地喔，目前活躍樂壇的許多歌手如張惠妹、紀曉君、昊恩家家及陳建年等人，也都是來自鄰近遺址的南王部落呢（該部落也因此得到了金曲部落的美譽）！

故事看到這裡，會不會覺得卑南文化人可能是現在卑南族的祖先呢？等等！錯了錯了！雖然今天的卑南族聚落集中在卑南文化遺址周圍地區，但根據卑南文化的出土文物如陶片、玉器和補獵工具以及最有名的「月形石柱」來推斷，其實最有可能跟花蓮瑞穗一帶發現的「掃叭石柱」周圍的阿美族文化有關係，因為掃叭石柱是阿美族人與撒奇萊雅人傳統領域的代表。而且根據現今卑南部落的耆老口述，其實卑南地區原先也是阿美族人的舊部落、祖居地，因為部族、部落的戰爭、漢人的移入等等原因，使得阿美族人有向北遷徙的情況。所以，**其實卑南文化人跟今天的阿美族在人類學上的關聯證據其實比卑南族人更多喔！**此外，**卑南文化人也有可能是排灣族的祖先！這是由於根據出土遺址顯示，卑南文化人的家屋跟排灣族的石板屋相似，兩者也都有拔牙的傳統，而且排灣族古部落的陶器形式也與卑南遺址出土的陶器相當類似**。因此，也有學者相信卑南文化人是今天排灣族的祖先。總之不管是阿美族還是排灣族，相較之下，卑南文化跟卑南族的關聯都薄弱許多啊！

不過，話說從頭，臺灣的原住民，從以往你我所熟知的九族乃至於今天的十六族，其實都不能夠完全解釋臺灣原住民各族群的自我文化認同。因為這樣的族群區分一開始只是源於日本政府統治上的方便，來自於一種「想像的族群分野」，相對於所謂的「族群認同」，原住民自己其實更傾向於「部落認同」，因此在電影《賽德克・巴萊》裡，同樣是賽德克族，和歌與馬赫坡會有如此迴異的立場其實也不意外了。

另一個例子，也可以從原住民對自己的族群的稱呼可以看出端倪。花蓮地區阿美族人會自稱「Pangcha」，而臺東東河以南地區的阿美族人其實較常自稱「Amis」。對某部落的原住民來說，不同族的鄰近部落，也許比相隔遙遠的同族群部落來得更親近與友好呢！

默默隱藏在臺灣民間的馬雅遺跡

馬雅文明，一直是給人遙遠神秘卻又充滿傳奇色彩歷史文化，大家腦中是立刻飄到神秘的中美洲雨林深處祭壇遺跡的畫面感？或想到哆啦A夢電影《太陽王傳說》？或是二〇一二年時的世界末日預言？PTT馬雅文明專家Mayaman「馬雅人」？雖然馬雅文明遠在離臺灣有十萬八千里的中美洲，不過這一篇冷知識就是要告訴大家，不用花大把銀子就可以在臺灣見到馬雅文明的產物唷！

怎麼可能？馬雅文明距離臺灣那麼遙遠，難道他們也是跟南島語族一樣遠渡重洋到臺灣來嗎？答案當然沒有那麼超現實，不過，也是出現在令人意想不到的地方。

其實說破就不值錢了，**本篇要介紹的馬雅文明文物其實就在兩棟日本勸業銀行舊址，它們分別位在當年的臺南市末廣町和臺北市表町。兩座當年營業廳舍現在分別是土地銀行臺南分行與臺灣博物館的土銀展示館。**如果仔細觀察它們，便能發現建築物上頭便有我們今天提到的主角，馬雅文明。有人或許聽過，日本殖民時期在臺灣的建築物當中，很多建築的形式與風格都是仿造希臘、羅馬時期的模樣。不過，這兩棟建築物相較於同期其他的仿希臘羅馬時期風格，採取了比較異國的風格。**在八石柱與四端柱頭山牆都有以假石構成獸（獅）面雕飾及捲曲植物紋樣作為裝飾，採借了馬雅文明的遺址所出現的圖騰，散發出中南美洲的神秘色彩。**

追溯這兩棟建築物的起源，它們是一九三三年在臺北設立的日本勸業銀行臺北支店和一九三七年在臺南設立的日本勸業銀行臺南支店。**設計之所以會採用馬雅文明的元素，是因為當時中美洲甫發現馬雅文明的考古遺址。不光是日本，同個時期，許多歐美國家的建**

築物也都大量採借馬雅文明的圖騰等各種元素。換言之，這樣的建築物其實也反映出當時代的潮流與流行文化，並完善保留至今呢！若有幸前去參觀的時候，可以考慮在外面多待一會，好好細看這些與眾不同的建築及風格，感受少見的馬雅文化。畢竟，如果不是這些在臺灣的馬雅文物，想要體驗馬雅文化可得跨越千里之外。

送傘還是送鐘，是福還是禍都跟族群有關係

作為傳達心意的媒介，「送禮文化」向來有許多禮俗和禁忌，在臺灣，許多人應該都曾聽過朋友、情侶間應該避免送傘，因為「送傘」和「送散」諧音，暗喻了別離或分手。之前外國來臺灣找我玩的時候，對臺灣的傘堅固耐用、不容易被吹斷的良好品質，印象十分深刻，於是在返國之後，請我從臺灣寄傘給他們。一般來說，身為好朋友應該不要跟朋友收錢的，但是基於送禮的忌諱，所以最後還是跟他們酌收一點費用，當作代買，就不是送傘了。

不過，在那之後，有幸造訪了高雄市美濃區一趟，除了享受被客家話圍繞的感覺之外，順道也參觀了美濃客家文物館，在聽了解說之後，**驚訝的發現其實對客家人來說，送傘並非禁忌，而是送「福氣」**。

為什麼呢？因為在傳統客家文化中，「紙傘」的意義可以分為幾個部分：

①做傘的油紙，代表「有子」。

②用來做傘的竹子是一節一節的，代表「節節高升」。

③傘架是張開的，代表「開枝散葉」。

所以，客家庄男孩在十六歲成年禮時，父母會贈與一對紙傘；另外，由於「傘」字中有四個人，有人丁興旺的祝福意涵，傘型又是圓滿的圓形，因此客家人在結婚的時候，也會贈送新人紙傘當作禮物，祝福新成立的家庭一切順利、多子多孫多福氣。也就是說，送傘不全然是壞事，有好傘還是要跟好朋友分享的喔！

另一個常見的送禮忌諱則是「送鐘」，由於在中文裡，送鐘與「送終」諧音，所以被視為不吉利的事情，人們通常會以手錶做為代替，或是請對方支付低廉的價錢，用「買」的取走這份禮物。

但是**在日治時期的臺灣，當時的人們可是相當樂於送鐘！因為日語的鐘寫為「時計」（とけい），和「登慶」、「登惠」兩個詞的漢字音近，擁有喜慶吉祥的意思。**而且鐘象徵了一年四季，有鼓勵對方時時刻刻奮發向上的正面意味。

說到底，這麼多繁複謹慎、小心翼翼的送禮文化，最後的目的不過都是期許收到禮物的人能感受到祝福和喜悅。在諧音與禁忌之外，相信最重要的還是禮物背後的心意是否有好好傳達囉！

尚天然最在地的「美式」驅蚊法

每年到了端午節的初夏時分，除了天氣愈來愈熱以外，晚上擾人清夢的蚊蟲，也跟著隨之出沒，登革熱、日本腦炎等透過病媒蚊傳染的疾病，更是許多人遇到夏天就擔心的問題。

大家都是怎麼樣防蚊的呢？最普遍的方式可能是使用化學防蚊液或是插上捕蚊燈，也可能是掛上防蚊掛與蚊帳，或是點上傳統的蚊香？這麼多種驅蚊法之中，有一種特別在地的「美式」驅蚊方法，要介紹給被蚊子煩到耍耍的你！

突然提到「美式」可能有人會感覺怪怪的呢？現代人追求健康養生，標榜天然，美式聽起來就很西方化學，而且也根本不在地呀，這到底是怎麼一回事呢？其實此「美」非彼「美」啦，不是我們熟悉的美利堅合眾國的那個「美」，而是阿美族的「美」，我們要介紹的正是臺灣阿美族人至今仍經常使用的驅蚊方法。

說到驅蚊妙方，就必須先提一下阿美族人生活中的重要角色麵包樹，**北部阿美族稱之Apalo，中南部阿美族稱其為Facidol。麵包樹在阿美族的「美」式文化中佔有重要的一席之地。**若是熟悉阿美族人部落生態的人，就會對麵包樹的重要性抱持著敬意，因為木材質地輕軟又粗厚而被稱作「獨木舟植物」的麵包樹，原產於馬來半島以及波里尼西亞。當年可是隨著史前人類航行過數片汪洋，在南島語族遷徙居住的範圍內都可以見到。因此，被普遍種植在南島語族之一的阿美族人聚落與家屋周圍也是很理所當然的事。

對阿美族人來說，**富含澱粉、膳食纖維與各種礦物質維生素的麵包樹果實，在早年物質不豐的日子裡，提供了重要的生存價值。**不光是作為食用植物，在蚊蟲繁多的亞熱帶，麵包樹的其他部分也發揮了極大功效。

麵包樹的花分雌花與雄花，每逢五六月花期結束後，雌花便膨大轉為果實，而紮實的穗狀雄花則會掉落，**阿美族人們便會將這些像一一根根小棒子般的雄花曬乾後點燃，放在家門口或窗外，藉由麵包花焚燒後釋出的氣味來達到驅除蚊蟲的效果，這是相當實用而且又經濟的驅蚊方法。**一直到現在，許多部落居民仍會使用這樣的方式，除了省錢，還不用擔心散發蚊香可能含有的化學物質，說是實惠又天然的一項古老智慧一點也不為過。

身處亞熱帶地區，除了原住民族聚落之外，其實在臺灣鄉間也不乏麵包樹的身影，可能還有些人曾經誤以為它是小顆的波蘿蜜。下次再見到麵包樹，你或許可以留意一下地上有沒有掉落的花，說不定也能撿回家體驗一下這個道地的「美」式驅蚊法喔！

傳承一百六十餘載，能躺在馬路上的民俗慶典

不是當地居民可能很難想像，臺灣有那麼一個城市每年的某一天晚上，因為**一個持續超過一百六十年的祭典，整個市中心都會進入交通管制，市民們會或躺或坐在馬路上，等待祭典遊行開始，這個祭典就是「雞籠中元祭」**。

位在臺灣頭的城市「基隆」，每年到了俗稱鬼月的農曆七月，就會有很大很漂亮的祭壇在中正公園的山頭

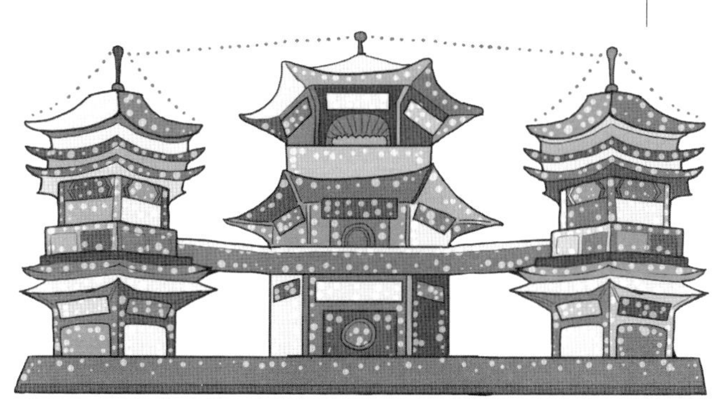

上閃閃發亮，甚至到了中元節前一晚，為了放水燈的遊行，整座城市都進入交通管制，不管是小客車或是客運通通都得繞路走。

基隆市街的開發，目前比較可信的說法可以追溯到一七二三年，漳州移民自八里沿著海岸線逐漸進入雞籠，市區一帶才逐漸發展起來。相對比較早來的漳州人住在海邊，晚來的泉州人就只好往比較內陸的八堵、暖暖等地發展，原本相安無事的漳泉兩大聚落，發展久了之後，隨著地盤的擴張也逐漸有了零星的衝突。

雖然同為福建人，但漳泉兩地講的口音與用詞不盡相同、信仰的神祇也不同，這樣分裂械鬥的事情也層出不窮，衝突的規模也愈來愈大，甚至也會遷怒到彼此信奉的神祇上，而有了「**尪公沒頭殼，聖公沒手骨**」的俗諺出現。（尪公為泉州人信奉的雙忠公、聖公則為漳州人信奉的開漳聖王。）

這樣的情形直到西元一八五〇至一八六一清朝咸豐年間時，發生了一場雙方死傷皆非常慘重的大規模械鬥，**漳泉雙方的大老覺得這樣下去也不是辦法，決定把衝突下的死者的遺骨集中祭祀稱為「老大公」**，也就是今天在中元祭一連串儀式之中，負責開鬼門老大公廟的前身。而為了消弭漳泉雙方的界線，他們想到了一個辦法，在**每年中元節，結合原有的普渡孤魂野鬼的習俗，不分漳泉由各姓氏輪流舉辦普渡活動，同時也舉辦陣頭競賽，希望能「以賽陣頭取代打破頭」不再有互毆的事情出現。**

也因為械鬥被賽陣頭所取代，從一八五五年開始的普渡活動，每一年的輪值主普的姓氏都想盡辦法讓當年的普渡辦得盡善盡美，以免跌了自己姓氏的股。後來進入日治時期，這樣的賽陣頭活動甚至成為基隆地區最為重要的年度活動之一，在放水燈祈福前，不管是花車遊行、或是各姓興建的普渡祭壇都成為競賽的對象。

但每年都重新興建祭壇實在太花錢，而且農曆七月又是颱風的旺季，有時候花了大把銀子蓋好的祭壇，可能颱風來襲就瞬間被吹得無影無蹤，經過討論之後**一九二九年，便在基隆高砂公園內興建了永久性的主普壇，平日也可以做為音樂廳使用。**往後每年各姓輪流主辦之時，在祭壇上各種裝飾電燈、或是裝飾性的人偶愈來愈華麗。

高砂公園作為日治時期臺灣非常著名的觀光景點與休閒場所，在戰後因為美軍轟炸基隆港的關係，早已逐漸殘破，又加上一九五〇年時公園遭到無名火兩次的祝融之災，公園早已不堪使用下，基隆市政府便決定將日治時期遺留的基隆神社，改建為忠烈祠之外，並拓建成公園在山頂興建新的主普壇。也就是今天的基隆知名地標中正公園喔。

總而言之，這項持續了一百六十多年的祭祀活動，提供了基隆人每年一次可以躺在大馬路上的小小樂趣，也可以看出臺灣作為移民社會多元包容的歷史，有機會的話，不妨在中元節前一晚到基隆躺一躺馬路吧！

客家人的農曆七月都在忙些什麼事？

每當農曆七月的時候，當然不是只有閩南人很忙，其實客家人也是很忙的唷！**因為每逢農曆七月二十日的時候，客家人都會過「義民節」**。

或許有讀者聽過這個節慶對客家人的重要性，無論是客家人或是閩南人，雖然在移民的過程中，從家鄉中帶來習俗與文化，但清朝以後在臺灣落地生根後，慢慢的，也會因為時空背景的關係，而發展出與原鄉有所差異的的習俗。而本篇的主角義民節正是這樣的一個節日！

雖然說臺灣各地的客家人都有相關的祭祀儀式或是習俗。但**義民節並不是移民到臺灣前就有的節慶，而是從桃園及新竹一帶逐漸開始的**，這習俗究竟是怎樣發展並延襲至今的？

還記得以前歷史課本上，會提到西元一七八七年乾隆年間所發生的「林爽文事件」嗎？事件的起因是當時臺灣府知府取締天地會反清復明的活動，林爽文因而聚眾反抗，起初聲勢相當浩大，在很短的時間內便幾乎攻陷整個臺灣。雖然當時的竹塹城早已被攻陷，但是因為林爽文的軍隊原本就缺乏訓練，軍紀也很鬆散，這樣的情況造成城內百姓的不滿，於是，竹苗一帶的百姓便自發性組織了義民軍，以游擊戰的形式對抗林爽文的部隊。**等到林爽文事件平定之後，當地鄉紳蒐集了這些義軍遺骸建立了義民廟，供後人憑弔祭拜。**而義民廟中祭祀的義民爺也就成為客家人的獨特信仰。在最初的義民廟中還懸掛著題有「褒忠」兩字的匾額，那可是出自乾隆皇帝御筆所題的，因此義民廟又被稱為褒忠亭。

那為什麼當初只有在桃竹地區所祭祀的義民廟，現在基本上在各縣市都能見到呢？這正是所謂的二次移民，**桃竹地區的客家人也隨著人口增多而逐漸移居其他縣市，自然而然便把原來的義民信仰也一起帶到其他縣市了。**

不過，義民廟的源頭桃竹地區，比起其他地區義民節祭典還是有所不同，最大的差異是**由桃竹地區的十五個客家庄輪流舉辦。每年主辦的客家庄，在前兩個月就會迎請義民爺到該庄之中來「奉飯」。**

義民節隨著近年客家文化的重新被重視，也漸漸成了凝聚客家人很重要的節日，**在義民節前後，客家庄的人都會請外地客人到家中吃飯，而其中整個義民節的高潮就是賽神豬。**神豬競賽有上百年的歷史，不過在動物保護意識提高的情況下，也常常引起討論。不過，總而言之，客家人在農曆七月，也是有自己的年度盛事要忙碌的喔！

一條今天想搭也搭不到的臺灣祕境鐵道支線

若要舉出臺灣最出名的鐵路支線，放天燈的平溪支線，或是有著神木跟日出的阿里山森林鐵路，這幾條日治時期開闢用來當作礦業與林業需求的貨運鐵道路線一定是最多人腦中浮現的答案。但是你知道嗎？**其實在桃園原本還有一條罕為人知的祕境鐵道，是被稱為「桃林鐵路」的臺鐵林口支線**。

戰後初期的臺灣，原本是以水力發電為主，大部分是使用日治時期就已興建完成的水力設施來發電，但是到了一九六〇年代，由於適逢重工業蓬勃發展的時期，無法只靠水力發電就足夠應付各項工業機組的運轉。臺電為了因應國內工業的電力需求，決定在臺北縣

林口鎮興建當時全臺灣最大的火力發電廠。

不同於水力發電是利用水的高低差來發電，火力發電需要大量的燃煤來推動發電機運轉。這條林口支線，就是在這樣的背景下興建，並於一九六八年發電廠正式運轉時一同啟用。原先鐵路是用來運送燃煤到林口發電廠發電，而沿線經過的水泥廠，像是臺灣水泥、嘉新水泥等，也可以利用這條支線運送他們所需的燃煤。

在這條支線通車後，原本只有「五福」與「林口」兩個貨運站，不過五福站從設站以後就沒有實際使用過，就現有的資料顯示，雖然五福貨運站占地不小，甚至比林口站來的大上許多。原先可能是要做為貨車集中管理的站區，不知道為何並沒有真正使用過。總之，桃林鐵路建好之初，原本也試行過客運列車，但一九七〇年代左右，桃園蘆竹、南崁等地區尚未開發，搭車的人數也不多，用來搭載一般旅客的想法最後也無疾而終。

到了一九九〇年代以後，蘆竹南崁等地發展十分快速，將林口線用來載客的想法也重新站上檯面，碰巧臺鐵從二〇〇五年以後開始進行「臺鐵捷運化」的計畫，這條林口支線其實距離桃園機場並不算太遠，當時的桃園市政府甚至也曾經計畫和臺鐵一同將這條林口支線改建成桃園機場的聯外鐵路。

總之，基於種種理由，桃園市政府便希望能以「試行」的方式，和臺鐵租了兩列客運列車，於沿線新設了幾個招呼站月臺，並將林口線另外增加一個有點詩意的名稱為「桃林鐵路」，從二〇〇五年開始以一天兩個車次從桃園火車站行駛到終點蘆竹區長興車站，二〇〇八年後再延伸到海湖車站。特別的是，**這條林口線沿線全部都是招呼站，雖然不是乘客得要招手火車才會停下來載客，而是沒有站務員的車站，因此也沒有設置剪票口，更驚人的是車站也就只是個月臺。**雖然比較可惜一點，因為後來機場捷運的規畫，以及林口支線經過的地方路幅較窄難以拓寬，原來的桃園機場聯外鐵路的計畫也就此打住，又加上臺鐵在林口發電廠外海邊興建了專門運煤的碼頭，**林口線最後也就於二〇一六年年底時，客運和貨運都一同終止營運了。**

雖然沒辦法再重溫搭火車直接到學校門口的回憶，但是月臺到今天還健在。目前桃園市政府也有規畫要將林口線的舊址規畫為自行車專用道，未來可能也會做為輕軌的軌道之用，所以讀者若是有興趣的話，還是可以到桃園看看這條支線的鐵軌跟月臺遺址。

唱出超越理論的原住民八部合音

提起布農族聞名國際的八部合音，也許有些人懵懵懂懂，是八個聲部？八個音階？還是八個人一起合唱？而為什麼布農族特有的八部合音如此知名？不僅被譽為世界音樂的瑰寶，甚至還改寫了音樂發展史？本篇就讓我們來簡單認識一下八部合音吧！

所謂八部合音，布農族語為〈Pasibutbut〉，漢語意為「祈禱小米豐收歌」。傳統上，在每年一到三月小米季節播種前吟唱。根據口述歷史來看，這首歌的由來，主要起源於早期布農族人模仿山林間所聽到的自然之聲（溪水、風雨、蟲聲鳥鳴）吟唱而來。對布農族人而言，虔誠的歌聲可以得到上天的祝福，穀物也能因此豐收。因此，不僅吟唱時必須全神貫注，小米播種前的整個儀式也充滿許多象徵和禁忌。

而這首〈Pasibutbut〉，不僅沒有歌詞只有音調，在歌曲一開始時其實只有四個聲部，分別為「mabungbung」、「maidadu」、「mandaza」、「mahosngas」，起先以最低音的聲部歌者開始吟唱，其他聲部漸以三度、五度、八度的音程吟唱回應，而當所有聲部反覆升高吟唱到某一個層次時，便會出現八個不同的音階。

等等，八個音階？有沒有搞錯啊？Do Re Mi Fa So La Si只有七個啊，怎麼會有八個？這八部合音不科學啊！

不，這首自遠古流傳下來的歌謠與歌唱方式其實非常科學，經過現代音樂的科學研究，更證實**演唱「Pasibutbut」時，會出現五度以上的泛音，這種泛音和聲方式與我們平時所熟悉的Do Re Mi系統並不一樣，因此有了超越音階的音調。**

如果以上的說明實在太複雜，讓我引用討論這個主題時，不妨可以從數學的角度來看待，會更容易理解。若是問到「在1和2之間有幾個數呢？」自然組的答案會是無限多個。同理，在Do和Re之間有幾個音？答案也是無限多個。這樣說來，是不是更好理解了呢？我們一般熟悉的Do Re Mi系統與自然泛音系統，兩者之間運作的差異，大概就像是不同星系吧。

由於「Pasibutbut」超越了傳統樂理概念，一九五二年，日本音樂學者黑澤隆朝發現、紀錄，並遞交聯合國文教組織發表之後，震驚了全世界的音樂學者。「Pasibutbut」繁複的古老合聲演唱，方式打破了既有的「由單音再到複音而後才有和聲」的音樂起源說，動搖了音樂發展史的研究領域所以說，布農族人所唱的，可是「超越理論的歌謠」呢！

原住民同胞對抗進擊巨人的十9神兵武器

臺灣有許多文化是來自中國東南沿海，雖然深受閩粵背景影響，但在臺灣也發展出自己獨特的習俗。而大多數防範鬼怪的方法，像是貼符咒、喝符水或是驅邪的咒語等等，大家一定見怪不怪了。但除此之外，臺灣島上還有其他居民也同樣面臨鬼怪的侵擾，這篇就要來跟大家分享分享，北部阿美族及鄰近的撒奇萊雅族，

共同擁有的鬼怪傳說與避邪妙方。

北部阿美族與撒奇萊雅族自清代以降兩族的淵源就十分之深，所以居住在花蓮一帶的這兩個族群也共享了許多文化遺產。其中傳說故事就是其中一項。今天要談的怪談主角叫做Alikakay（阿里卡該）。**在阿美與撒奇萊雅的口傳文學中，阿里卡該是一群住在美崙山上的巨人，也可以說成是一種妖怪，他們常會化身成部落裡的任何人，老人、小孩、獵人、婦女等，都有可能是他們偽裝的對象。**阿里卡該變身後，總是會到各個部落中偷拐搶騙，每每造成部落裡慘重的損失。

有一天，長期飽受阿里卡該騷擾各個部落的人們終於忍無可忍，決定大家聯合起來一起上山討伐阿里卡該，不過相較之下身形十分瘦小的人類，實在敵不過進擊的巨人阿里卡該們。沒過多久傷亡慘重的他們，只好摸摸鼻子又撤回到山下。

幾天後，有個名為馬讓的族人愁眉苦臉地坐在海邊，心中盤算著如何才能攻略阿里卡該一事時。突然間，他聽到浪濤中傳來聲音說：「孩子啊，阿里卡該牠們不是普通的人，用人的方法是沒辦法消滅他們的，你們要用祭祀的『Porong』驅趕牠們才行。」

馬讓聽了海神從浪中傳來的指示後，知道了要怎麼擊敗這些巨人，於是立刻跳起來告訴部落僅存的勇士們。準備好以後，他們就帶著原本在祭祀、慶典前祈福用的Porong，襲擊了阿里卡該的群聚處，果然一舉驅除了這些危害部落的巨人們。

這傳說中的Porong究竟是什麼？怎會有這麼大的威力可以擊退阿里卡該呢？**其實，Porong是一種用整枝蘆葦、五結芒在末梢打結所做成的「法器」，在阿美族與撒奇萊雅傳統的巫術祭儀中具有潔淨、避邪的作用。**無獨有偶的，在臺灣其他南島族群中，也不乏使用蘆葦與芒屬植物作為避邪驅魔的例子，例如賽夏族、布農族以及東海岸噶瑪蘭族的巫師長老們都會使用這兩種植物來進行儀式唷！不過，隨著基督教與天主教在部落傳播的普及，臺灣南島族群各種傳統的祖靈信仰與巫術祭儀已經越來越式微，被基督信仰以及教會禮拜的詩歌禱告所取代。雖然現在仍有各式各樣的祭典與慶典，只可惜其中神怪的色彩已經越來越淡了，那一段與進擊的巨人搏鬥的傳說，也就漸漸被人所遺忘了。

無所不在的燒臘店，在臺生根的美味關係

港式燒臘店在臺灣隨處可見，是陪伴許多人成長的美食記憶之一。對大家來說，點個叉燒飯、鴨腿飯、燒肉飯，或是三寶飯解決午餐或晚餐是稀鬆平常不過的事。自己就非常喜愛燒臘，學生時代曾經每天吃燒臘連續吃好幾週都不膩。但不知道各位有沒有想過，為什麼臺灣會有這麼多港式燒臘店呢？每間燒臘名店背後的香港師傅，又是在什麼因緣際會下來到臺灣開店的呢？

筆者母親曾經和香港師傅一起在臺北市八德路與臺視附近合開港式餐廳長達二十年，前陣子和母親話當年，才知道為什麼當初會有那麼多香港師傅離鄉背井來到臺灣打拚。

除了少數香港燒臘師傅因為嫁娶臺灣人而來到臺灣單打獨鬥之外，臺灣有系統性的從香港招募燒臘師傅來臺這件事，就要從七〇年代末與八〇年代初說起。當時新東陽發現比起燒臘文化早已發展鼎盛的香港，鄰近的臺灣對燒臘的美味仍然一知半解，因此**新東陽公司從香港招募許多燒臘師傅來到臺灣，不只在門市賣起燒臘便當，也提供燒臘禮盒或是祭拜、牲禮等級的燒臘。**

沒想到此舉大受好評，早期幾批新東陽聘請的師傅們紛紛在僱傭契約到期之後離開老東家，萌生在臺北市自己開店的念頭，但受到外國人沒有工作簽證，又不想貿然打黑工的限制，這些燒臘師傅便找了在臺灣認識的朋友一起合伙開店，或是聘請臺灣人作為代理人，處理店面租賃及開店的大小事宜。這讓許許多多的臺灣人不止發現燒臘飲食文化的美味，還想到一起發財的好點子。

就這樣，燒臘店在臺北市有如雨後春筍一間間開張，香港師傅們也趁著休假機會回到香港繼續招兵買馬，尋找舊同事或有好手藝的親朋好友們，一個拉著一個前仆後繼來臺灣開店。隨著幾年時間過去，臺北市的燒臘市場漸趨飽和，燒臘師傅們開始陸續到其他縣市開店，慢慢地，幾乎全臺灣都可以看到燒臘店的蹤跡。

介紹完燒臘店最初在臺灣蓬勃發展的契機之後，讀者們是否發現燒臘店另一個有趣的現象：香港師傅們在切燒臘時，每切幾刀燒味，就要吆喝幾聲，順便把手中尺寸碩大的菜刀把玩轉耍幾圈，用刀背拍打尺寸同樣驚人的砧板，最後再將菜刀用力嵌入砧板中。

香港師傅們會這麼做，背後同樣也有特殊原因。過去燒臘師傅們當學徒的時候，學藝的燒臘店多半都位於同一個區塊，甚至就在同一條街或同一條巷子（類似的情況在臺灣也有，約莫是中和華新街都賣緬甸、越南、泰國料理的概念）彼此競爭生意，或是用換句話說，一起把餅做大。**許多店家為了搶對方生意，以及證明或炫耀自己燒臘店生意很好，車水馬龍人聲鼎沸，師傅便會大聲吆喝，以及大聲拍打砧板來吸引客人注意。**這個傳統就這樣跟著遠渡重洋的香港燒臘師傅們一起落腳臺灣了。

大家不妨也問問街尾巷口燒臘店中的香港師傅，當初為什麼因緣際會來到臺灣的，或許正是前幾批受到新東陽招聘的師父，也可能是一個拉一個來到臺灣開店尋一桶金，說不定只是單純因為愛臺灣愛到不想離開。

伴侶的臺語「牽手」並不是臺灣人的專利

過去老師上課時，為了讓同學對西拉雅族留下深刻印象，多半會舉例說：臺語中用來形容另一半的「牽手」一詞，正是來自西拉雅語。此外，在臺南有許多地名、習俗也可能跟西拉雅族有關。例如，臺南市東山區東河里的別稱「吉貝耍」，這個詞在西拉雅語中是木棉花部落的意思，雖然早已經被漢化，也不會說族語，但是這裡的居民，每年依舊也會在公廨（眾人聚集商議事情之處）前舉行西拉雅族

特有的夜祭。

但是，「『牽手』這個詞來自西拉雅語」這個大家習以為常的說法，近幾年來根據學者的考證，可能並非如此。原本過去牽手被認為是來自西拉雅語的「ina ka vacho」，但是據中研院的學者翁佳音教授的解釋「ina」是西拉雅語的母親的意思，與不少原住民語言類似，如噶瑪蘭語的「tina」、阿美語也是「ina」；「ka」則是連接詞，「vacho」則是新鮮的意思。「ka vacho」一語，根據發音比較接近「佳・貓好」，很難轉成臺語的「牽手」一語。簡單來說，很難證實牽手來自西拉雅語。

而根據專門研究臺灣史的中研院教授翁佳音先生的考證，**牽手這個詞，應該源自漳州話。而且可能是移居到菲律賓的漳州人最早使用。**我們可以從東南亞殖民者出版的臺語字典看到，當時牽手一詞就已經有人使用。如：[k' an ts' iu]指在中國以外娶妻。又如金門學者林豪的〈戲詠南洋方言〉，就提到南洋方言「結婚」稱為牽手，後來據說金門方言也有稱結婚為牽手。菲律賓也有將「牽手」當作結婚的動詞來使用。**從這些語言的考查來看，牽手可能與西拉雅語沒有關係，而且廣泛運用在東南亞地區的漳泉移民社會中。**

順帶一提，其實當清代統治初期，一些成長在中國北方的官員聽不懂臺灣人說的話，例如出生在北京的黃叔璥就曾經這樣形容過臺語：「郡中鴃舌鳥語，全不可曉。如劉呼澇、陳呼澹、莊呼曾、張呼丟。餘與吳侍御兩姓，吳呼作襖，黃則無音，厄影切，更為難省。」臺語跟原住民語對他們來說，都像外國語言一樣。

因此，**牽手一詞可看做漢人到移民墾殖，在東南亞地區結婚的一個用語，最後流行到整個漢人海外移墾的世界，甚至影響祖籍地的用語。**「牽手」一語這樣的解釋，也呈現臺灣的海洋性格，以及身處整個東亞、東南亞海域交流體系一環的樣貌。或許更能讓大家發現臺灣史文化交流形式的多樣性呢。

橫跨了歲月與族群的西螺大橋

考考你，西螺大橋是什麼顏色？應該有不少人都知道它是紅色的吧！那我再換個問題，西螺大橋一開始是什麼顏色呢？這你可能就不知道了吧！但我可以先告訴你，它一開始並不是紅色的，至於這其中的故事，在此先賣個關子，看下去你就明白了！

要是你曾造訪停留過西螺大橋，並留心的話，應該會注意到**西螺鎮那一側的入口旁，掛了日本、美國及中華民國三個國家的國旗，這可是和**

西螺大橋漫長的建橋歷程息息相關。在日治時期，臺灣總督府基於各項考量，一直以貫穿南北交通為開發臺灣的首要工程之一，一九〇八年西部縱貫鐵路全線通車後，也開始修築縱貫公路，然而這條公路工程卻面臨著一個不小的阻礙——濁水溪。濁水溪為臺灣第一長河，河面遼闊、濁浪滔天，嚴重阻隔了雲林彰化兩地的交通。在沒有橋梁的時代，當地居民只得利用竹筏渡河，每逢豪雨總是險象環生。

要在濁水溪建橋，對工程師來說也是項艱困的任務，經過多次勘察地形，總督府選定了彰化溪州跟雲林西螺交接的流域做為建造橋梁的地點。一九三七年開始發包工程，隔年正式動工興建，到一九四一年一共完成三十二座橋墩。後來因為珍珠港事件，戰爭爆發，後續的橋面工程在鋼材缺乏的情況下只能停工。隨著日本戰敗，大橋的建設也進入沉寂。

民國三十八年，西螺的地方仕紳組成「西螺大橋促進完成委員會」，開始向各級政府陳情大橋的重要與急迫性，但是造這麼一座大橋所費不貲，當時政府財政困窘，實在是沒有足夠的資金復工。直到次年韓戰爆發，美國意識到臺灣的重要性，認為西螺大橋的完成更能達到經濟與軍事的價值，因此才會**透過美援的幫助下恢復建設，並在一九五三年正式**

通車。從一九三八年動工，到一九五三年通車，中間歷時了十多年之久。

西螺大橋還有一個你可能不知道的秘密，就是在**它完工的時候，可是僅次於美國舊金山金門大橋的世界第二長橋，也是當時遠東第一大橋**。同時，也使得日治時期就劃定路線的縱貫道路全線通車。除此之外，當時橋上還設有糖業鐵路，形成火車與汽車並行的罕見光景。

至於開頭提到的顏色，**西螺大橋竣工時是鐵灰色的，由於當時還處在戰爭氣息濃厚的時代，基於國防考量，因此選擇類似濁水溪滾滾泥水的顏色做為保護色了**。

西螺大橋是一座由日本人規劃並建好橋墩，美國援助的鋼鐵和技術，最後在臺灣人手上建造完成的橋。它不僅寫滿了故事，也充分的反應了臺灣近代史，橫跨歲月與族群的重要大橋。

孝女白瓊其實是烏克蘭爵士歌手

正在書前閱讀這一篇的年輕讀者不知道認不認識「孝女白瓊」，但只要問問家中五六十歲以上的長輩應該都會知道她是出自六〇年代黃俊雄的布袋戲《雲州大儒俠》當中的知名角色。但白瓊明明就只是位虛構的戲偶角色，何來標題的烏克蘭血統與爵士女伶的身分呢？這其中的原由就要先從地球的另外一端談起。

在一九三五年，身上有著烏克蘭血統的美國籍作曲家・蓋希文在歌劇《波吉與貝斯（Porgy and Bess）》中，一首〈夏日時光（Summertime）〉以詠歎調的形式出現在劇中，演出後立刻獲得高度評價，並且開始被許多爵士樂手翻唱、演奏。至今，這首曲子成了許多人認識爵士樂的入門曲目。也是蓋希文除了〈藍色狂想曲〉之外，最知名的作品。

但對不少的長輩而言，他們可能不認識蓋希文，但這首樂曲卻一定聽過，因為最成功的翻唱版本，大概就屬「雲州大儒俠」當中，孝女白瓊的奔喪名曲〈噢！媽媽〉莫屬了。從原曲原本慵懶嗓音換成臺語哭腔，讓〈夏日時光〉這首原本帶有一點哀傷氛圍的搖籃曲，倏地變成了生離死別的哭孝悲悽場面。

隨著「雲州大儒俠」威名席捲全臺，臺灣觀眾也間接認識了爵士名曲。由於劇中角色深植人心，孝女白瓊甚至衍伸成民俗陣頭文化中不可或缺的喪葬禮俗「孝女白琴」，**這首翻唱自〈夏日時光〉的〈噢！媽媽〉也在這一輩的臺灣人心中，成了哭喪女的最佳主題曲。**

夏日名曲成為追思名曲，你可能會覺得有些不吉利。那麼，在蓋希文創作這首歌曲的時候，又是怎麼想的呢？音樂學者探究〈夏日時光〉走紅的原因，發現**蓋希文在這首歌曲裡面運用了兩種音樂元素：「黑人靈歌（Negro spiritual）」和「五聲音階（Pentatonic**

Scale）」。黑人靈歌源自黑奴的聖歌，是藍調音樂的前身。儘管蓋希文宣稱整齣《波吉與貝斯》皆是自己的創作，沒有引用過去其他音樂；但我們知道，身為一個在美國出生的俄羅斯、烏克蘭猶太後裔，想要以爵士樂為創作重心，甚至是寫出以黑人為主角的歌劇，的確可能在潛意識中，以某首過去聽過的黑人靈歌作為譜曲的範本。

而上述的靈歌〈沒娘的孩子（Sometimes I Feel Like A Motherless Child）〉，就是〈夏日時光〉的可能雛型之一。這首曲子，曾經在一九二七年百老匯版的《波吉（Porgy）》一劇作為最後一曲。八年後，蓋希文才以相同劇本推出歌劇《波吉與貝斯（Porgy and Bess）》。**因此我們可以合理懷疑：蓋希文的〈夏日時光〉中，其實引用了〈沒娘的孩子〉。只是，聽聽歌詞中要表達的含意，竟和孝女白瓊的版本有些許雷同。**

至於五聲音階，則是許多民謠旋律的基礎元素。和蓋希文一樣擁有烏克蘭血統的加拿大籍民謠歌手・艾莉西絲柯赫（Alexis Kochan）指出，〈夏日時光〉和烏克蘭搖籃曲〈窗邊的夢（Oi Khodyt Son Kolo Vikon）〉十分相似。據她所說，烏克蘭國家合唱團（Ukrainian National Chorus）曾經在合唱指揮庫謝茲（Alexander Koshetz）的帶領下，於一九二九年（也有一九二六年的說法）前往美國紐約卡內基音樂廳巡演。當時，據說蓋希文就在現場，並且對合唱團演唱的〈窗邊的夢〉留下深刻印象。

在新移民社區出生的蓋希文，是否藉由這首搖籃曲感受到血液中的烏克蘭精神，進而把他寫成詠歎調，我們並不得而知。但〈夏日時光〉略帶哀愁的旋律中，卻可能同時包含黑人與新住民的共同苦衷，「失根」。而孝女白瓊唱出的〈噢！媽媽〉，說不定只是把話講得更直白點罷了。

一場臺灣島上海拔最高、時間最長的碩士口試

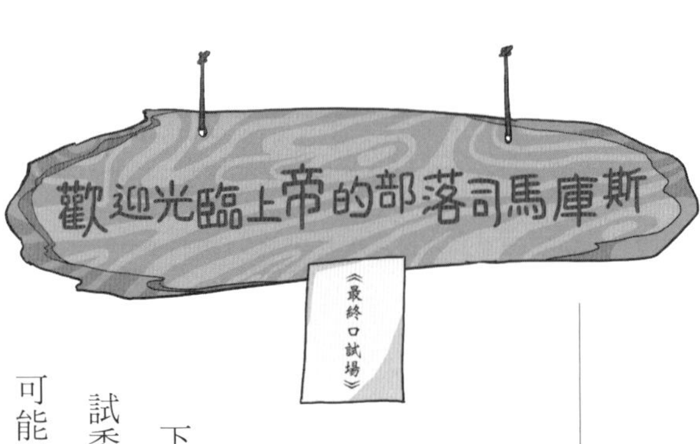

書前的讀者之中應該有是不少研究生，甚至是準碩士。每年的六月，許多應該稱之為幸運的準碩士生應該就在這個時候，正如火如荼地準備論文與口試吧？諸位首次準備口試的朋友一定都會遇到下列狀況，除了論文的格式、口試要準備什麼餐點來招待（賄賂）口試委員們之外，最關心的問題之一，大概就是：口試要報告多久？有人可能跟你說三十分鐘，也有人說六十分鐘；大致來說，報告與攻防的時間大約是一比一，且整體來說應該會在兩個小時內結束。如果再拖久一

點，也不過是一個上午或是一個下午的時間。

不過要是你聽到下面這個故事，應該會覺得不可思議吧！**臺灣最長的口試時間記錄是兩天一夜。這個記錄在二〇〇八年由靜宜大學的泰雅族碩士生拉互依・倚岕（Lahuy Icyh）所創下。**

這場特別的論文口試，舉行地點並不在學校教室或者會議室，而是在被研究地點的本身——海拔一千五至兩千公尺的新竹尖石鄉司馬庫斯（Smangus）部落。更進一步的說，除了在座三位口試委員之外，部落的族人與耆老們也都參與口試，並嚴加提問，可以說是首開研究者向被研究者報告的先例。

這本歷時三年的論文《是誰在講什麼樣的知識——地方知識實踐與Smangus（司馬庫斯）部落主體性建構》，回到司馬庫斯進行口試。整個部落對於拉互依・倚岕的口試都相當重視，甚至連教堂外公布欄以及當地餐廳外面都有張貼口試的流程。因為司馬庫斯部落距離較為遙遠，參與口試的三名教授前一天便來到部落，並和部落裡的人針對口試提問的作業溝通。除此以外，系上也有二十多名學弟妹到場觀摩，整場口試的排場相當壯觀。

而為了迎接客人，部落裡的族人也辛苦的張羅，安排烤肉、擣小米等各項活動。而口試在頭目，拉互依・倚岕的父親進行完祈福儀式後正式開始，整場口試拉互依・倚岕都以母語泰雅族語報告，並由堂哥翻譯成國語。

這也是以司馬庫斯作為研究對象的約莫三十篇論文中，第一次有研究者親自向被研究者報告其研究成果，並接受被研究者的檢視和提問。而這場勞師動眾，眾人矚目的口試，研究生拉互依・倚岕，最後得到了九十一分，高分通過口試。拉互依・倚岕也成為了司馬庫斯的第一位碩士。而部落眾人也共同見證了這歷史性的一刻。

阿公阿嬤老記憶

LGBT朋友們的月老、全天庭最快樂的工作、出嫁為什麼要用米篩、〈恭喜恭喜〉最早不是賀歲歌、天母的典故真的是「聽無」嗎、西裝筆挺也可以演歌仔戲……這些老一輩才記得的習俗典故現在為你憶當年。

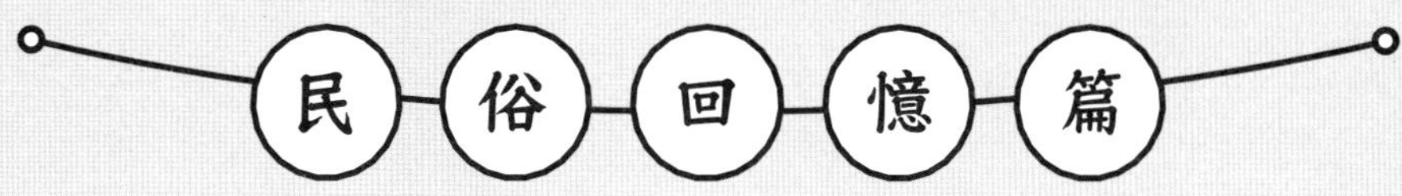

打破千年傳統的月下老人・兔兒神

近來《民法》九七二條關於婚姻平權修正案的爭論一直沒有減少。雖然，有些神（在信徒的宣稱下）似乎沒那麼支持同性戀，但其實還是有神明支持多元成家的唷！在一般人的印象中，掌管天下男女姻緣的婚姻之神就是我們所熟悉的「月下老人」，專門負責幫異性戀的男女牽紅線；但事實上，同性戀也有位「兔兒神」來幫忙他們尋覓對的那個人。

關於「兔兒神」，最早出現在清代袁枚的文言小說《子不語》，當中描述到：清朝初年，有位年輕的御史被派到福建去巡視。當地有位叫做胡天保的人，被年輕御史的美貌顏值所吸引，每次御史升堂時都一直偷瞄御史的帥樣。被看得心裡有些疑惑的御史卻始終不明白。過了不久，御史到其他地方巡視，胡天保也跟著去了，甚至還埋伏在廁所裡偷看御史方便（好孩子請不要學）。畢竟在那時，要勇於承認對於同性之間的愛意，並不是件容易的事情，所以只能用這種偷偷摸摸的方式。

但夜路走多了定會遇到鬼，某天御史發現天保的偷窺行徑後將他抓了起來審判，起初天保不肯說出事實原委，但在用刑以後因受不了痛苦才說事實：「實在是因為大人過於美貌，心中難以忘懷。雖然知道天上的玉樹豈是凡間的鳥所能棲息，但我還是心神不寧的做出這些無禮的行為。」御史聽完暴怒，便在枯樹下將天保斃命。

過了一個月，胡天保託夢給同鄉的人：「我冒犯了大人，自然該死。但因為我一時意亂情迷，和其他因為作奸犯科而入地府者不同，因此地府的官吏都拿我開玩笑，卻不對我生氣。現在陰間的官吏封我為兔兒神，專門管理陽間男性與男性之間的愛戀，可以為我建廟招來香火。」當地人聽到夢中的這段話，就爭相集資建廟，也果然非常靈驗。由於資料有限，難以考證上述典故是真是假，但卻可看出古代中國傳統中對不同性傾向的人的包容與尊重。

在臺灣，**位在新北市中和的「威明堂」就是專門敬拜兔兒神的廟宇。它起源於二〇〇六年的時候，盧威明感嘆世界上多數宗教團體對於同志並不友善，以至於同志朋友難以在宗教上得到慰藉，更無法找到一個真正能夠關懷他們、給予他們安慰的力量。**而臺灣如同當今許多無法接受同志的國家，目前在法律上依然不予承認同志婚姻。若同志們在人間既不受認同，也不被宗教接受，其內心一定十分孤獨，而且無人可以傾訴。因此，盧威明為「兔兒神」建立了威明堂，不只讓同志朋友有一個心靈的依靠，更讓他們知道世界上還有這麼一尊神靈，心中關懷著他們，並給予他們希望。

雖然「兔兒神」的出現是管理男性之間的戀情，但其實女同志也是能夠參拜兔兒神的。只要是性少數之間的戀愛，不論LGBT，都司兔兒神管轄。也因此，位在臺灣的威明堂儘管是目前全球少數「同志專屬」的兔兒神廟，卻也吸引了世界各地的善男信女慕名遠道而來。異性戀有「月下老人」牽紅線，性少數也有「兔兒神」保佑姻緣，兩位神仙各司其職；然而，感情這種事，三分天註定，七分靠打拼，在求神問卜求心安之餘，也得要自己努力，才能在感情路上開花結果。

由五尊神明輪流值班的潮州警察廟

在臺灣有一間獨一無二的警察廟，這間廟位於屏東潮州分局的後方，是由當地的警察、義警、義消等人興建而來的。臺灣大大小小的廟宇眾多，為什麼要特別介紹它呢？而它又為何被稱作警察廟呢？

原來這間廟所供奉的神明都是落難神明。二〇〇三年潮州的曾姓農民在水果集貨場拾獲了五尊神像在路邊，分別是三山國王、土地公、中壇元帥、濟公、關公。警方受理後，詢問了轄區內各個廟宇是否有神像遭竊以及是否願意收留神像，不過，問到的都是否定的答案。最後，只好暫置到潮

州警分局總務室。根據神像外觀有被香火薰黑過的痕跡來判斷，警方猜測這些神像之前應該曾受人供奉過，可能是一些非法簽賭的賭客棄置的。半年過去以後，公告認領期滿，因為無人出面認領，**局內的員警集資為五尊落難神像蓋廟供奉，並選定了分局附近的榕樹下為廟址。**

這間警察廟一開始只是一個小小的神龕。圍繞著神尊座位的三面木板被警察貼滿警槍、警車等裝備照片，對一間廟來說，警察相關的裝飾相當特別。警察廟經過二〇〇八年的翻修後，原先的小神龕不僅擴大成小廟宇，甚至還新增了神尊的值班台。

為什麼有神明值班台？而神明要輪班又是什麼意思呢？那是因為廟宇落成之後，警察以及信徒們最初其實相當困擾，每當要擲筊問事的時候，要找的神明常常都不在。於是，針對這個現象，**分局長想出一個點子，就在一旁設置了神尊值班台，安排神明每週輪流值班，這才解決神明雲遊四海，沒人在家的情況。**

而這間警察廟也為潮州分局帶來額外協助。資深員警指出，神明幾乎有求必應，局內同仁工作不順心、案情一籌莫展時，上香拜拜常常都能順利偵破案件。**最著名的案例就是**

二〇〇五年發生的中國籍配偶綁架案，警方在神明諭示下，直奔宜蘭，逮捕了偷渡來台的中國籍首腦，而也順利地救出被綁的人質。

警察廟除了有員警敬拜，在當地也有一定的信眾，近年來甚至有參加警察特考的考生前往參拜。這些年下來，由五尊神明輪班的警察廟，在地方上也有相當的名氣和一定的香火。下次走過路過，也不妨去看看這座全台少見而獨特的廟宇！

三山國王分別是哪三座山的國王？

臺灣的中南部廟宇宮壇無處不見，其中三山國王廟常常被大家視為客家人的精神標竿。每次只要經過三山國王廟，內心就會浮現大大小小的疑問：「三山國王到底在祭拜什麼？」

三山國王原來是三位山神。最早的傳說是出現在隋朝的時候，有三位神人在廣東潮州府出現，在廣東獨山的石洞顯靈，三人自稱兄弟，受到天命，分別鎮守巾、明、獨三山。話剛說完，三人即不見蹤影。大家認為消失的三人果

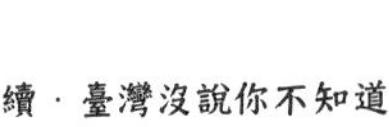

真是神明，後來又相繼在巾山及明山顯靈，並透過乩童表示巾山為其兄弟聚集之處。於是，當地居民在巾山建了一座小廟來奉祀。因為靈驗無比，於是香火日盛，被地方的信徒奉為山神。

據說唐代文豪韓愈也曾祭祀過三位山神。當年，韓愈被貶為潮州刺史時，當地洪水泛濫成災，韓愈便率領居民向獨山、明山和巾山的山神祈求停雨，果然很快就雨過天晴。

在北宋時期，宋太宗率兵親征，在戰情膠著時，突然出現三位神將助陣，宋軍因而大捷。在凱旋之夜，宋軍又在城牆上看見神跡，天空中的雲出現了有「潮州三山神」字樣的旌旗。宋太宗後來下詔賜封三位山神，巾山為清化威德報國王、明山為助政明肅寧國王、獨山為惠威弘應豐國王，三人合稱三山國王。

歷經演變，三山國王和城隍爺、土地公一樣，逐漸由自然神被塑造為擬人化的神明，並為其塑像，歷經先人智慧的模擬，三山國王的神像仿三國演義桃園三結義劉備、關羽、張飛的造型，即大王白臉，二王紅臉，三王黑臉且加刀痕成花臉。另一目的是讓信眾體會團結力量大，要有劉備鍥而不捨與謙沖下士的雅量、關公忠肝義膽，忠義貫日月的精神，以及張飛勇往直前的勇氣。

原先三山國王廟只是廣東當地的鄉土神，隨著客家人的拓墾，因而慢慢擴散。除了臺灣，在香港、柬埔寨、馬來西亞，都能夠看見三山國王廟的蹤跡。以臺灣為例，**在移墾臺灣時，許多客家人將原鄉的神明也帶來臺灣，因此三山國王在臺灣也有一定的信徒。**不過，臺灣三山國王廟分布最多的縣市，不是一般以為的客家人較多的縣市，反而是宜蘭縣。而在臺灣，關於三山國王廟的故事還有大王爺娶客家女子，再續前緣的有趣故事喔。

六十年輪值一次，全天庭最快樂的工作

如果家中的親人長輩剛好是虔誠的道教信眾，相信一定很熟悉過年時，都要專程到廟裡「安太歲」祭拜掌管禍福的太歲星君，祈求當年運勢順利有圓滿的一年。說到這個太歲星君，不知道讀者們知不知道**太歲星君其實一共有六十位呢？**什麼!?居然這麼多？

介紹太歲星君之前，這篇要先簡單解釋一下到底什麼是太歲。其實在古代的中國，雖然觀測天體的技術不如今天發達，但他們已觀察到「歲星」也就是我們熟知的木星，在天空上運行的軌跡也就是繞完地球一週的時間碰巧是十二年，也因為歲星的運行時間，相對於其他天體更好被切分。

這樣的特性使然，他們便將「歲星」在天上這十二年間所處的位置（包含在地平線下）切割為十二塊，並以歲星當時處哪一塊位置來判斷年份，所以「年歲」其實是同一個意思，也就是**歲星走到下一區位置所需要的時間，就是一年**。不過，當我們抬頭看星星的時候，因為相對位置的關係，所以天體運轉的方向和我們是相反的，為了解決這個困擾，聰明的古代中國人，便決定設計出一個虛擬的天體「太歲」。**太歲和歲星的運行方向相反，是由東到西。如此一來便符合平常的習慣，而這種紀年法又稱作「太歲記年」。之後又演變成我們習慣的天干地支，太歲在天上每走30度後便是一年的時間囉。**

換個比較好記的說法，我們很習慣聽到的占星術所書的水星逆行；換成太歲來說，就是歲星逆行，可不是水星而是木星逆行啊！但本來是單純用來記年的方法，又怎麼樣演變成「安太歲」的習俗呢？而且前面提到的六十個太歲星君又是怎麼來的呢？

在太歲這個虛擬星球被發明後，古代中國人對虛擬偶像太歲的崇拜也與日俱增，之後太歲也成了象徵帝王的星球。針對帝王的避諱習慣除了要避免使用帝王名字替小孩命名外，也因為虛擬偶像的所在方位太過神聖，平常也必須避開以符合禮俗。

而這個禮俗，也逐漸隨著民間信仰以及將歲星的神格化後逐漸成為民間信仰的一部分，老百姓出門時也應該盡量避免往太歲的方位走。後來就像西洋占星術三百六十五日都有各自的守護神還是什麼花花草草的一樣，天干加地支造就出六十種排列組合的密碼，成為我們熟悉的一甲子。太歲星和較晚出現的本命星信仰結合，形成了所熟知的太歲星君信仰，也就是要固定「安太歲」以安撫自己生肖年份的輪值星君，並祈求一年順利。

而六十星君到底為什麼是這六十位，這六十位星君又各是誰，其實沒有很一致的說法。不過，在眾多星君之中，最推薦大家認識的就是甲子星君——金辨，這位星君奇特的外型，眼窩中長出一對長有雙眼的手掌，外型在其他五十九位星君中最具存在感。講到這裡，應該會有好奇的讀者想問：「為什麼每一年除了當年的生肖以外，還會有不同生肖也需要安太歲呢？」是的，沒說你不知道。安太歲習俗之後也慢慢演變出有「正沖、對沖、甚至還有偏沖」各種要避煞方式，這裡教大家一個比較簡單的判斷方法，首先將十二生肖像時鐘一樣畫在十二個方位，接著在正沖（當年生肖）畫一條線到對面就是對沖的生肖，接著再垂直畫出另一條線形成一個十字，十字的剩下兩端就是偏沖的生肖囉。

西索米大樂隊之我怎麼能夠離開你

關於「那卡西」這個外來語是源自日文的「流し」，意指演唱者如同水一般在餐廳或夜總會中流動賣唱，但這個很多人都知道的知識當然不是本篇重點。因為那卡西之外，臺灣還有另一個名稱相似、讓人摸不著頭緒，卻和殯葬業息息相關的音樂演奏形式——「西索米」。

「西索米」就是大部分臺灣人認知中的殯葬樂儀隊，事實上它的正式名稱是「西樂隊」。也就是說，樂隊中大多是使用來自西方的洋樂器。以功能性來分析，西樂隊具備了室內演奏和戶外行進的機動性，因此編制類似於現在常見

的管樂隊（Wind Band）。其實臺灣在國民黨正式建立軍樂隊體制之前，這種以吹管和打擊樂器為主的樂團編制，就已經在農村悄悄誕生。

一九三〇年，名叫陳若瑟神父在埔心羅厝天主堂擔任本堂期間，成立了全臺灣第一支西樂隊。最初的目的，不外乎是希望能透過音樂傳教。在那個沒有什麼娛樂的年代，許多農村青年也因此加入了西樂隊，期待消遣之餘還能多一份額外收入。久而久之，西樂隊紛紛在各教堂中成立，為教會的各種儀式進行音樂伴奏。

過去，臺灣各地的婚喪喜慶都是以傳統樂器伴奏。自從天主教引進西樂隊之後，使用西方樂器演奏西洋音樂的典禮儀式，就成了當時最有派頭的高規格待遇，只要當地鄉鎮公所有特別活動，都會安排西樂隊前來助興。這股熱潮也吸引了非天主教徒，許多廟會活動為了讓自己的儀式更加氣派，也開始使用西洋樂器伴奏。從此西樂隊正式跳脫宗教藩籬，成為當時臺灣鄉間相當受到歡迎的演奏形式。

那麼，西樂隊又為何會被稱為「西索米」呢？你可能猜到了，**「西索米」三個字並非來自於哪個國家的語言，單純只是五線譜上的三個音：Si、Sol、Mi。**據說在早期，西樂隊對於什麼樣的場合，該使用那種樂風的音樂伴奏相當講究。畢竟源自於天主教信仰，若是在送葬的場合，必定以演奏莊嚴、緩慢的葬禮進行曲（Funeral March）為主；當靈柩抵達了告別式會場，則經常演奏神聖的詩歌（Hymn）作品營造氣氛。

其實為了應付相似的場合，當時的樂師們早就準備好一套曲目。他們將這些曲目背得滾瓜爛熟，只要指揮一聲下令，整個西樂隊就能直接開始演奏。其中，**最常在告別式被演奏的一首詩歌，樂隊指揮會以音樂開始的前三個音Si、Sol、Mi，作為提點樂師們的暗號。**而這首歌曲，推測是十九世紀德國作曲家奎肯（Friedrich Wilhelm Kücken）的歌曲〈Ach, wie wärs möglich dann〉。

這首樂曲開頭的前三個音，經過移調就成了簡譜上的「Si、Sol、Mi」，而〈Ach, wie wärs möglich dann〉翻成英文是「How can I leave thee」，也就是「我怎能離開祢」。作曲的奎肯曾因為這首歌曲太受喜愛，而被賦予爵位。事實上，在西樂隊逐漸興盛的年代，這首曲子可是在國際上大紅大紫。首先，1935年的德國文藝片《Regine》用了這首歌曲作為男女主角別離時的情歌。後來，在1938年的好萊塢劇情片《三個戰友》

中，負責電影配樂的韋斯曼（Franz Waxman）同樣也使用了這首歌曲。之後，人們給了這首曲子起了另一個不那麼神性又充滿浪漫的曲名——〈真實的愛〉（Treue Liebe）。

可惜在臺灣，這首曲子除了殯葬業之外，並不特別熱門。老一輩的樂師們不僅沒記下曲名，反而讓「西索米」這個暗號流傳了下來。年輕一代的樂師只知道「西索米」，殊不知自己演奏的正是世界當紅金曲。傳了幾代之後，只在告別式演奏的「西索米」，則漸漸成為西樂隊的代名詞。

儘管那句臺灣俗諺「做人尚衰，嫁給剃頭噴鼓吹」，確實反映了人們對於葬儀樂師們的歧視；但其實，「西索米」和「那卡西」一樣，都是外來音樂與本土文化緊密結合的見證者。雖然昔日榮景不再，但許多學者已經開始透過老一輩的樂師口述，蒐集相關的文化記憶。而年輕一輩的樂手，則偶爾會改編流行歌曲搭配熱舞，嘗試走出新的套路。

臺灣陰間管最寬的地方政務官是誰你知道嗎？

有看過前一本書《臺灣沒說你不知道》的大家看標題也許還記得一篇在講「霞海城隍廟」的故事，裡頭有稍微提及「城隍」主要掌管陰間的地方事務，是陰間的地方官。那臺灣管最寬的城隍爺是誰，這你就不知道了吧！一般來說，只要是建有城池的地方，基本上都會有一座陰間的城隍廟和陽間的政府（衙門）互相看照。身處陽間的地方官員在正式上任前，也都要到當地的城隍廟拜個碼頭，請求城隍爺協助陽間的地方事務。

故事說到這裡，先給大家一個小測驗。我們熟知的「天上聖母」媽祖俗名是林默娘，但是「城隍爺」叫做什麼名字呢？多數的讀者，可能都不知道城隍爺的名字吧？這是因為城隍信仰原本單純只是針對「城」的信仰，祭祀也只有築土壇，並無神像的配置。但從宋代以後，城隍慢慢從地方信仰轉為國家主導的信仰；到了明清時期，更逐漸轉為每個城市的陰間地方官員，成了陰間的官職。**因此，依照不同地區，有些城隍是當地的名人雅士，有些城隍則是生前曾經擔任地方官員。是故，各地的城隍爺也就有不同的姓名。**像是基隆護國城隍廟內祭祀的城隍爺，相傳是清代曾任通判的包容，因為任內積勞成疾而亡，因此被冊封為城隍一職。

總之，城隍信仰在歷史逐漸演變後，就像陽間的地方行政事務有省長、縣長、市長等區分，也產生了都（府、省）城隍、州城隍、縣城隍等位階的差別。回到本篇的主題「臺灣這麼多城隍爺之中，到底誰才是管最寬？」這裡其實有個有趣的小爭議。目前共有三種說法，說法一：一六六九年，鄭氏王朝最早的官建承天府城隍廟（今臺南臺灣府城隍廟）。說法二：一七四七年興建的淡水廳城隍廟（今新竹都城隍廟）。說法三：一九四七年戰後重新落成的臺灣省城隍廟。**之所以會有三種說法，其實正是反映了在臺灣歷史上，政治中心由南到北的轉換。**臺灣府城隍廟是最早的官建城隍廟，因此，起初確實是臺灣位階最高的陰間行政長官。但到了一八九一年，由於清朝政府基於星象卦算，認為臺灣將發生大災難，在新竹當地人士推舉之下，決定在新竹城隍廟舉辦消災法會。

法會結束後，因為庇蔭地方有功，新竹城隍也被光緒皇帝正式敕封為「都城隍」，成為當時臺灣位階最高的城隍。其後，臺灣的政治中心又逐漸移到臺北。雖然臺北城內早有因臺北府從淡水廳分治後而設立的「臺北府城隍廟」，但是並沒有像新竹都城隍廟那樣，受到官方的正式敕封。

戰後，由於原有的臺北府城隍廟在日治時期時被總督府拆毀，神像移去松山祭祀，成為我們今天所見的松山臺北府城隍廟（松山昭明廟）。不過，在一九四七年，府城隍爺的信眾還是在城隍廟原址（臺北武昌街）重建了新的「臺灣省城隍廟」，以作為一省之都的城隍廟。較為特別的是，**因為戰後不再有官方冊封的城隍廟，這座省城隍廟和前面兩座官祀的城隍廟不同，和大稻埕的霞海城隍廟皆屬於民祀的城隍廟。**

直到今天，因為城隍不再是由官方進行敕封確立地位，也產生了這三處城隍廟到底誰位階最高的爭議。但是不管如何，只要心誠則靈，城隍爺一定會保佑你的啦！

ㄕ、ㄙ有兩種，臺灣的「陰陽ㄙ」母湯捲舌

俗稱「艋舺大拜拜」的臺北知名民俗慶典「青山王夜訪遶境」每年農曆十月登場，除了各個宮廟與信眾共襄盛舉，各大媒體也紛紛前往採訪，例如以下這篇報導的標題：「青山王祭夜巡暗訪找回30年不見的『陰陽師』」（2017-12-07）

但看了新聞報導的標題，你可能會有點疑惑：艋舺的祭典為什麼會出現與知名手機遊戲同名的日本神職人員「陰陽師」呢？其實，「陰陽師」是古代日本朝廷中的職務，他們是在陰陽寮中負責占卜和堪輿的技術官員；而在**艋舺青山王祭典中，登場的應該是「陰陽司」，神如其名，祂是個司掌陰陽兩界事務的神明。**在臺灣的漢人信仰裡，陰陽司通常出

現在城隍廟中，性質有點類似城隍爺的秘書長，替城隍爺管理陰間與陽界的總總雜事，亦為城隍八司之首。清初姚鐸在《民俗考聞》中記載：

「凡有城即有城隍廟，皆有諸司之設，……唯皆以陰陽司主其事，俗言該司上奉城隍，揆鼎各官而為首，百僚稟事皆先關白之。」

由於城隍爺被視為城市的守護神，該地的活人與鬼魂都由祂管理，城隍府內的「賞善司」、「罰惡司」、「增祿司」、「功過司」等單位也都是為了協助城隍爺處理種種行政事務，隨著各地風俗差異，城隍廟諸司數量也有所不同，從三司、八司、十二司……到二十四司都有。「陰陽司」身為諸司之首，自然也就成為城隍爺最重要的輔弼官員。**廟裡的陰陽司，神像臉部通常是半黑半白的造型，在部份廟宇中，也有用紅色或金色的，顯示其總理陰陽兩界的角色。**也因為陰陽司的地位如此重要，在民間藝陣中也能見到陰陽司出現。甚至知名陣頭，新莊地藏庵官將首在喊班時，帶頭的損將軍還先向陰陽司領取令牌後隊伍才能出發，可見其司職的關鍵性。

話說回來，陰陽司既然是城隍爺的麾下官員，怎麼又會出現在明明不是城隍的青山王祭典中呢？這就要回到青山王信仰的歷史源流來看了。

據說青山王生前是三國時代孫權的部將張滾，但也有傳說為五代十國的將軍張悃。當初奉命駐守泉州惠安地區，治績卓著、頗受百姓愛戴，死後得到地方民眾的建廟與祭祀。後來在南宋初年時，青山王更在「采石磯之役」顯靈，助宋軍擊退來犯金兵，得宋高宗下詔封為「靈惠侯」。之後又升格為「靈安王」，故民間又稱之為「靈安尊王」，並在清代隨著惠安地區移民進入臺灣，另外，也有其他傳說：如幫助宋理宗出逃、協助明太祖伐蒙……等等。

由於青山王在原鄉惠安除了山神、地方守護神的身份，也帶有行政神、司法神的性質，幾乎相當於該地的城隍神，也類似於「代天巡狩」的各府王爺，「代天巡狩」意指「代替天上的玉帝來到地方巡視」。所以在青山宮內像城隍廟一樣，配祀著賞善司、罰惡司等文官幕僚，也有七爺、八爺、枷鎖二將等武官部將；其中不可或缺的諸司首席，當然就是本文主角「陰陽司」啦。講完了陰陽司的故事，相信大家也對這位臺灣神祇有了更深的認識，不會再把祂跟日本的陰陽師安倍晴明混為一談囉！

位列仙班的汪星神們，祭拜狗兒的臺灣廟宇

從古至今，狗狗一直是人們的忠實夥伴，但你知道嗎？除了作為寵物，臺灣從北到南都有許多地方將狗狗視為神明供奉喔！

「**天上天公／地下母舅公／北海岸十八王爺公喔／嗷嗚／嗷嗚**」

這是由黃克林所演唱的經典臺語老歌〈倒退嚕〉中的一段歌詞，其中就提到**以祭祀義犬聞名的十八王公廟**，**可說是本篇中最知名的廟宇**。傳說清代中葉，有一艘帆船載著十七人與一犬出海，因不幸遭遇海難而漂流到石門的乾華，唯一生還的狗兒守屍悲鳴，引來當地民眾注意；當眾人為殉難的十七人收埋時，這隻狗兒竟也投身殉主。這樣的景象令在場

眾人為之動容，便以「十八王公」之名予以祭拜；因墓址於位乾華，也有「乾華十八王公祠」之稱。今日在石門更有一尊好幾層樓高的「黑龍義犬」銅像，頗為知名。

那這尊「黑龍義犬」保佑的項目是什麼呢？許多六合彩玩家、特種行業人士都喜歡在夜晚來此祈求財源滾滾，也有賭徒在此以香灰預測開獎號碼。其實十八王公的傳說不僅於此，信徒們還相信：二戰時期石門幸運地未遭戰火波及，就是因為黑龍義犬在此驅趕盟軍戰機之故；另外傳說在核一工程進行時，一度要拆遷十八王公廟，但工程人員和機具屢遭不順，王公們更顯靈表示不願搬家。這樣的故事讓此地香火更加興旺，「有求必應」的傳聞也讓許多不同行業的人來此祈求亨通發達。

而第二隻神犬是傳說在二戰期間，一些被日本徵調到南洋打仗的臺籍青年，在叢林間進行激烈戰事時，有時身邊會出現一隻神奇的狗陪伴、協助他們作戰。戰後平安返臺的這些士兵們，都相信這是因為家人有向七將軍廟的忠犬公祈求平安的緣故，「七將軍廟」也隨著這些戰士們謝神還願而更加香火鼎盛。

七將軍廟位於臺中市大里區，供奉著七位軍人及一隻軍犬。地方人士相信，這是源於一起原漢衝突事件：在清代，有七名軍士（也有說法是六位）被大里杙（大里）總兵派往霧峰（阿罩霧）巡察，不意在當地被原住民包圍而陷入死戰。當時隨行的軍犬負傷逃回大里求援，帶領清軍奔赴霧峰戰場；但大隊兵馬到達時，這七位軍士已經戰死，而軍犬也因傷重疲憊而倒地身亡。

就在眾人將陣亡軍士和軍犬埋葬之後，當地就神蹟不斷：**在地方動亂時，不時會有狗叫聲提醒巡邏的官兵何處有敵人埋伏；甚至被稱為「七將軍」的他們會顯靈協助漢人對抗原住民。**香火日趨興旺的七將軍廟，直到日治時代也會有出征的臺灣人來此祭拜。而在原漢衝突、南洋戰爭都成為歷史的今天，仍有許多人來此祈求尋得失物，據說非常靈驗。也因此在每年農曆七月的祭典日，七將軍廟前的祭祀和演戲酬神都盛大非常，甚至需要警方進行交通管制。

前面說到臺中的七將軍擅長尋找遺失物，無獨有偶，嘉義也有一尊被視為「失物尋回大師」的「義犬公」；信徒們相信牠嗅覺靈敏，尤其擅長尋找失犬和失車，每年也都有許多人以金牌或演戲來作為酬謝。據傳在乾隆年間的**「林爽文事件」中，諸羅（嘉義舊名）**

縣民李甲等十八人組成民兵協助官兵防守，後來卻在追擊敵人時不幸遇到埋伏，當時同行的黑狗奔回城中向官府求救，因為不通人語只能奮力撞擊衙門來吸引官兵注意。當官兵隨著黑狗趕到現場時，李甲等人已經壯烈戰死（這跟隔壁棚的七將軍故事告訴我們：人手不夠時至少要有隻狗）。本來官兵要就地草草收埋李甲眾人，但黑狗伏屍哀鳴、不肯離去，官兵只得將他們運回城中，就在埋葬時黑狗突然倒地猝死，眾人遂將這隻與主人同生共死的忠犬一起埋葬，並稱為「忠義十九公」。

今天我們到忠義十九公廟前，還可以看到這隻傳奇忠犬的雕像。除了以協尋失物廣為人知以外，廟方也表示「摸狗頭，厚你（讓你）起大樓、摸狗嘴，厚你大富貴、摸狗耳、讓你呷百二……」，鼓勵信徒向義犬公祈求吉利。這些故事中，我們看到人與狗間親密的關係。雖然民間傳說有些超乎常理的情節，但在其中確實可以看到古代移墾社會的的經濟活動、漢原衝突、以及清代的民間起事等歷史元素，廟中壁畫在裊裊香煙之中也述說著臺灣歷史的發展脈絡。而臺灣祭祀狗神的廟宇還有很多，例如北港的義犬將軍和嘉義的圓山宮也都有著不同的狗兒傳奇故事。而這些故事也都應證了狗真的是人類最忠實的夥伴。

來頭不小的善導寺究竟是拜什麼的寺廟呢？

「善導寺、Shandao Temple、善導寺（臺）、善導寺（客）、左側開門。」搭乘臺北捷運板南線時常常會經過的捷運站「善導寺」。大多數的人，除了知道這是座佛教的寺廟之外，都不知道他其實還有別的功能在。反而是前幾年善導寺所在的梅花里，因為「陰森森的善導寺」無法代表該區域，而呼籲將捷運站正名為「華山站」，有許多人這才知道，原來善導寺內也有供奉骨灰的納骨塔。

不過，這座坐落華山市場對面的寺廟來頭可不小呢！而善導寺這個名稱到底又是怎麼

來的呢？在討論「善導寺」名稱之前，**我們得先追溯到善導寺的原名「淨土宗臺北別院」。這個滿滿東洋風的名字，很容易讓人聯想到我們北方的國家日本。是的，這座善導寺確實是日治時期所興建的。**一八九五年馬關條約簽訂後，臺灣進入了大日本帝國的統治轄下，而隨著大量日人移民來臺，這段長達五十年有喜有悲的殖民時光，傳入的不只是飲食、語言、衛生觀念，甚至連宗教都傳入了臺灣。在當時傳入臺灣的宗教，除了日本傳統的「神道教」還有「日本佛教」一共八宗十四派，這些原來臺灣人十分陌生的信仰，也跟著傳道者的腳步進入了臺灣。

日本佛教和臺灣佛教有頗大的差別，日本佛教可以追溯至飛鳥時代傳入的漢傳佛教，也就是北傳佛教的一個分支。大多數人應該都知道，日本佛教與臺灣的不同之處，像是僧侶可娶妻生子、也可以食用肉類。像是日劇《朝五晚九》（原名：5じから9じまで）裡山下智久扮演的僧侶星川高嶺，在與女主角的戀愛過程中發生了許多煩惱。

不過，較少人知道的差別是，日本佛教中「門派」的觀念十分深厚，前面提及的「八宗十四派」，像是本願寺真宗、曹洞宗、日蓮宗、淨土宗等派別就是此時傳入臺灣。雖然日本也有自己的本土宗教「神道教」，但臺灣總督府在治理的時候，為了統治上的方便，他們還是選擇扶持與臺灣人熟悉的臺灣佛教擁有同樣根源的日本佛教，以宗教殖民的方式加速同化的腳步。

總而言之，**原名「淨土宗臺北別院」的善導寺，就是此段時期淨土宗在臺灣的信仰中心跟布教中心，負責管理臺灣所有淨土宗的寺廟。**那為什麼又有善導寺這個名字呢？該不會跟比丘常掛在嘴上的善哉善哉有關係吧？

其實「善導」是淨土宗的始祖之一，原來是唐朝的僧侶。根據記載，他的最大貢獻就是將淨土宗開宗祖師曇鸞的言論與想法整理成完整的理論架構。淨土宗在唐朝創立以後，因為提倡念「阿彌陀佛」就可以得救前往又稱淨土的極樂世界。這簡單易懂的修佛方法，也使其十分迅速的擴張開來，而擁有了不少的信徒。在中國淨土宗傳入日本，經過幾個世紀的發展，日本淨土宗也有了自己的發展脈絡與教義，和原來發源自中國的淨土宗已經有很不同的面貌了。

總之，日本淨土宗和其他日本佛教宗派就這樣隨著日治時期而傳入了臺灣。二戰結束後，隨著日本的戰敗與離去，當時在臺灣的日本佛教宗派，亦受到了不小的衝擊，有的隱去其日本色彩，改為傳統中國佛教的佛寺，有的則順應臺灣民間習慣成為道教的宮廟。**如果讀者有機會到西門町的臺北天后宮裡，會看到裡面還有供奉日本真言宗創始者弘法大師，這正是因為其前身正是真言宗的弘法寺。**至於目前我們較熟悉的臺灣四大山頭慈濟、法鼓山、佛光山、中臺山，其實都是戰後重新在臺灣發展出來的佛教信仰中心囉。

說到這裡，如果常常經過善導寺的朋友們，不知道有沒有印象，寫著「大雄寶殿」四字的匾額就掛在主殿的門上？相信也有許多讀者對於大雄寶殿這稱呼曾感到好奇過，莫非裡面有哆啦A夢？當然不是這樣，其實大雄指的就是佛教的創教者釋迦牟尼，因為佛陀法力無邊，無所畏懼是「大英雄」而簡稱大雄囉。所以大雄寶殿就是供奉釋迦牟尼的正殿囉。而善導寺當然不是陰森森的靈骨塔而已，背後可是有豐富的歷史淵源跟法力無邊的大雄呢！

為什麼出嫁要用米篩或黑布遮頭？

在傳統的漢人婚姻習俗，每逢新娘出嫁上禮車之前，都得拿東西來遮住新娘的頭頂。即使沒有參與過嫁娶儀式的讀者，可能也在戲劇中看過這個畫面。但你有沒有沒有想過，這個動作代表什麼意思呢？

這習俗的由來眾說紛紜，比較公認的說法是：結婚當日，充滿喜氣的新嫁娘是最大的，但是還是不能跟老天爺比大，因此才要把新娘遮起來不讓老天爺看到，以免喜氣沖天而衝撞了老天爺。但在各地不同的習俗中，遮蓋新娘頭頂的物品，會因為新娘的狀態不同而有改變唷！像是：尚未有身孕的新娘，用的就是米篩；倘若肚中已有新生命的話，就會改用黑傘取代米篩來遮蓋新娘的頭頂。什麼會有這樣的差異，而又為什麼是用米篩，而不是蓋布袋或竹簍來擋煞呢？

米篩用來抵抗凶神惡煞的習俗，從很久以前，就已出現在民間傳唱的戲曲當中，在民間傳說《桃花女鬥周公》當中，洛陽一位善於占卜的算命師周乾，發現自己鐵口直斷的預測經常落空，原來是同鄉的桃花女利用法術救人，讓他預測的厄運都被一一破解。屢被阻撓的周乾因而心生一計來報復桃花女，他假意迎娶桃花女，想利用婚禮中的各種禁忌來謀害桃花女，然而實力不容小覷的桃花女卻也逐一破解周公所布下的凶煞陷阱。在故事中，桃花女正是用有**畫有八卦圖案的米篩遮住頭部，來避開「日遊神煞」的陷阱，這也是使用「米篩」的最普遍的說法唷！**

而懷孕的新娘會使用黑色雨傘，則是因為擔心八卦用來鎮妖的強大法力，傷到還沒成型或是元氣還不穩定的胎兒。雨傘除了跟米篩一樣具有遮掩的效果以外，**帶有把手的雨傘也有象徵「帶把」的意思，希望新娘能夠盡快為夫家生出男丁。**如果還是堅持要用米篩，也會**讓米篩上面的八卦也會少一卦或是印錯一卦，以避免八卦的法力太強而讓胎氣受影**

響。

不過隨著時代和地區的不同，這個習俗在臺灣南部跟北部也有所差異。畢竟，到了現代的工商社會，繪有八卦的米篩也不同以往那麼容易取得，所以在北部通常都是用雨傘取代，甚至也不限定黑傘，只要是雨傘就可以囉！

很多傳統的習俗背後都有著有趣的故事，但畢竟是不同時代的產物，在長期的社會變遷中，傳統往往也會有不同變化和發展。之前也有新娘離開娘家前將拋扇子，象徵拋下壞脾氣的習俗，換成拋電扇與冷氣機的趣聞躍上新聞版面。所謂「十里不同風，百里不同俗」這些由人創造出來的事物，也常會隨著時代和地區的不同，而有新的詮釋和作法。

神騎寶貝，臺灣眾神的猛虎騎士大盤點

在臺灣，想要看老虎，除了去動物園之外，生活中也有不少地方會出現老虎的圖像，最常見廟宇入口的左龍右虎就是其中一個例子。除了避邪或裝飾的功用，虎也是臺灣眾神愛好的坐騎或隨從之一，就如線上遊戲的神獸坐騎，以及霹靂遊俠李麥克與他的霹靂車「夥計」一樣。

位於臺北市松山區慈惠堂的土地公就騎著老虎。**原因可能是出於古時百姓害怕上山會被老虎攻擊，因此希望這位最貼近市井小民生活的土地公巡視山林田野能制服老虎，保障**

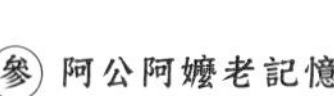

黎民百姓的安全。

第二位猛虎騎士是就是保生大帝，保生大帝原是是北宋時的泉州名醫吳本（音同「濤」[ㄊㄠ;tao1]，不是唸「本」），生性仁慈，樂於行醫施藥、救人無數。有天吳夲上山採藥時，遇到一隻被骨頭卡在喉嚨的老虎求他救命，吳夲發現老虎喉嚨中的骨頭是一位小男孩的腿骨，便與老虎約定醫治之後不可再吃人。事後老虎為了感謝吳夲便充當他的腳力，載他四處行醫濟世。後來吳夲功德圓滿時，老虎也跟著他升天成神，而有了「保生大帝醫虎喉」的故事。現在位於高雄蓮池潭旁的保生大帝廟慈濟宮前還有著名的龍虎雙塔，也是紀念祂「醫虎點龍」的故事。

除了上面提到的醫神「保生大帝」外，其實財神也騎老虎。大家所熟知的五路財神之首——「玄壇真君」趙公明也是猛虎騎士，但他的坐騎比較不一樣，是一隻黑色的老虎。傳說趙公明曾在張天師煉丹時為他護法，張天師賜他一隻黑虎為坐騎；成神之後趙公明也常騎著黑虎救世濟民。

既然前面有說趙元帥的黑虎是張天師給他的，所以想當然張天師本人也是位猛虎騎士。道教的開創者張天師本名張道陵（或說張陵），傳說他在朝為官時就曾遇白虎啣符；後來漢末天下大亂他入山修道，當時騎的就是老虎（或傳老虎是太上老君所賜）。後來張天師練成神丹、位列仙班，持劍騎虎的樣子也成為祂神像的特徵。

另外在嘉義大林的騎虎尊王是當地的獨特信仰，五位騎在虎背的神明身披戰甲、威風凜凜，據說其中三位是在安史之亂中犧牲的唐朝忠臣張巡、許遠、雷萬春。要是有熟悉臺灣傳統信仰的讀者看到張、許兩位，一定就能想到他們是保儀尊王和保儀大夫。全臺灣祀奉保儀雙忠的廟宇很多，但是騎老虎的金身卻只有在這裡看得到喔！

除了以上幾位之外，傳說西王母也會騎著西方的守護神獸白虎出遊；而八仙中的李鐵拐在「八仙彩」中也常以騎老虎的姿態登場。

最後，除了當神明的坐騎外，老虎也獨立成為一位神明，這就是大名鼎鼎的「虎爺」了。臺灣許多廟宇，在主神座下有一個小洞，裡面就蹲伏著虎爺。虎爺（通常有黃毛和黑毛，後者亦稱「下壇黑虎大將軍」），其職掌通常是主神的駕前將軍，或是為信徒趕走邪崇的有力幫手。在民俗傳說中，虎爺也是小孩子的守護神，在醫療資源缺乏的年代中虎爺更是以治療腮腺炎聞名：傳說只要用金紙（虎爺金）抹過虎爺下顎然後擦拭患部，就能收「虎咬豬」的效果，治好俗稱「豬頭皮」的腮腺炎。另外，換虎爺錢的習俗也顯示虎爺有招財的角色。

但大家認真一想就會發覺臺灣根本沒有野生的老虎，但卻因為宗教的緣故，從神明座騎到老虎也成為了神明，老虎在民間的傳統信仰上真的充滿了多樣性呢！

賀歲名曲〈恭喜恭喜〉最早不是在慶賀新年

每到農曆過年時要說吉祥話，路上的商家也會播放各種過年的音樂。其中一首就是歌詞充斥著「恭喜」、簡單而洗腦的〈恭喜恭喜〉。

雖然今天的〈恭喜恭喜〉，已經是賀年必備歌曲，但是**這首曲子在一九四六年創作完成時，其實是要慶祝一九四五年的抗戰勝利**，不難想見當時的氣氛有多麼地歡欣鼓舞，一首歌曲出現的「恭喜」多達數十次，講這麼多次都不會累！

〈恭喜恭喜〉的作曲、作詞者，正是以〈鳳凰于飛〉、〈玫瑰玫瑰我愛你〉等歌曲為代表作、享有「歌仙」之名的陳歌辛先生，**由於歌曲發表時剛好適逢農曆年前夕，後來也逐漸被當作「賀年歌」傳唱開來**，歌詞裡唱著：

「每條大街小巷／每個人的嘴裡／見面第一句話／就是恭喜恭喜／恭喜恭喜恭喜你呀／恭喜恭喜恭喜你」

這段歌詞應該是整首歌大家最熟知的部分，也很容易讓人聯想到拜年道賀的畫面，但原意其實是要祝賀戰爭結束，和平終於到來，後來才逐漸轉變為新年時，人們互道祝福。

「經過多少困難／歷經多少磨練／多少心兒盼望／盼望春的消息／恭喜恭喜恭喜你呀／恭喜恭喜恭喜你」

而接下來這段歌詞，雖然有提到「春」，但在回頭看前面唱到的「困難」與「磨練」描寫的則是抗戰八年的辛酸血淚，而日後也被順理成章的解讀成慰藉人們工作、生活一年的辛勞。由於一開始是為了慶祝抗戰勝利，所以歌曲採用了小調，而非通常用來表達歡慶的大調。隨著〈恭喜恭喜〉逐漸傳唱為賀年歌，後來的編曲更加入了鑼鼓聲伴奏，增加新年歡樂的氣氛。

此外，還有另外一首賀年歌曲最初也非為了新年所作，是什麼歌呢？正是商家最喜歡的過年歌曲〈恭喜發財〉，相信其中的歌詞「**恭喜呀恭喜／發呀發大財**」大家一定也不陌生。這首歌原本出自於五零年代由葛蘭、羅維等人主演的電影《酒色財氣》插曲，電影講述一群人為了利益而各懷鬼胎。原本的歌詞其實是「**恭喜呀恭喜／黃金裝滿袋**」，因為滿滿的吉祥喜慶感，逐漸變成人們熟悉的新年歌。而巧合的是，這部電影的導演馬徐維邦正是在除夕夜過世的。

其實生活中許多人們耳熟能詳的歌曲，由於創作背景和時代的轉變，背後可能都有著不為人們所知的意涵。下次聽到老歌時，不妨多留意歌詞，也許能聽出一番新的見解呢！

滿載信眾祈願與業務進度回報的神明小抄

道教信仰是臺灣佔比很高的宗教，許多人逢年過節與適逢神佛誕辰的時候也都會前去廟宇消災祈福。但不知道當你舉著香對著神像誠心祈願時有沒有觀察到，祂們的手中偶爾會拿著一塊長方形的小板子，這到底是什麼東西呢？

這塊板子對神明們執行工作來說可是很重要的喔，有讀者知道它叫什麼嗎？答對了！**就是「笏板」！笏（音同「互」［ㄏㄨˋ;hu4］），又稱作「手板」、「奏板」，是古**

代朝廷君中君臣議事的用具。在過去，當大臣對君王報告公事時，可以比畫笏板輔助表達；當君王有命令示下時，大臣也會記載笏上當作備忘。除了記錄上司的命令和自己要上奏的內容，大臣面奏君王時兩眼注視笏板，也表示對君王的敬意。

由此可知，神明們手上的笏板可是很重要的喔，不但是上朝晉見玉帝時的必備工具，當信徒焚香祝禱時，祂也可能把你祈求的內容抄在笏板上呢。笏板的使用最晚從周代開始，一直到明代為止。**清朝以後，君臣不再使用笏板，但笏板卻已在更早的時代中流傳到朝鮮、日本、琉球等，乃至鄰近東亞地區的政治活動中一直都佔有一席之地。**雖然在清朝之後，中國官員就不再使用這種器具，但是你知道嗎？現代還是有職業會使用笏板，而且也不只是限於中國國內喔！

西風東漸之後，**亞洲地區許多傳統文化的遺緒往往只能在宗教活動中見到，例如道教的神職人員至今都還有手持笏的禮節。**以道教的宇宙觀來說，道士如同天庭政治體系中的道官仙卿，在法會儀式中，道士行禮謁神就如同官員在朝覲帝王一般，所以除了身穿道袍，也要手執笏簡以表慎重。

古代的朝笏材質會按照官爵高低而有玉質、象牙質、木質的差別，這樣的規定也被移植到道教中，在道書《靈寶無量度人上經大法》的〈冠裳劍佩品〉中就特別規定了「洞真法師」、「三洞講師」等高階道士拿的是「瑤笏」、「瓊笏」。不過在現代，基於保育以及象牙難以取得的原因，道士們大多改使用木竹製品，甚至也出現了壓克力等新材質的笏板。

在道教儀式之外，逢年過節或民俗慶典中的「跳加官」也常能看到笏板。文天祥《正氣歌》：「**或為擊賊笏，逆豎頭破裂**」就是在說唐代名臣段秀實拿象牙笏把朱泚揍到頭破血流的故事。如果現代臺灣的政府也沿用古禮、讓官員拿笏板的話，可以想見立院無雙會打得更加精彩。

值得一提的是，臺灣經歷清代漢人輸入道教文化，又經歷日治時期總督府推動神道信仰，**可能是世界上少數曾經並存著道士和神官的地區，兩種不同的笏板在此同台**，更顯出臺灣移民社會是個多元文化的大平台囉！

米苔目與老鼠間的情愛糾葛和命運糾纏

每逢夏季氣溫居高不下時，大家都會怎麼消暑呢？有些人可能會選擇泡在清涼的泳池裡，更有些人會選擇出國到緯度高的地方避暑，不過最庶民平價臺灣味的選擇，也許就是大吃一碗米苔目，配上紅豆與糖水實在是人間一大享受啊。

不過，一邊吃著米苔目一邊消去暑氣時，你可曾想過，用白米製作而成的這種料理為什麼會被叫做米苔目嗎？看起來也不像長了青苔，更不像是長有

眼睛呀！

原料是米的米苔目，發源自擅於製作米加工料理的客家人。**米苔目的做法很簡單，首先將煮熟的米磨成粉加水後揉成團狀，放在有數十個小孔的鐵製器具來回刨動，落下的條狀物體便是我們常見的米苔目了。**但說到這裡，好像還是沒有解釋為什麼米苔目會是叫這個名字呀！

其實已經解釋完囉，讓我們回頭看看前面提到由**「數十個小孔的鐵製器具」來回刨動，這個神奇的鐵製器具，正式的名稱叫做「米篩」，篩在臺語之中唸成[thai]，剛好和國語內的「苔」發音接近，米篩也就這麼搖身一變成了我們根本不認識的「米苔」；至於「目」，則是米篩上能把米團一一篩出彷彿眼睛一般的眾多小孔囉。**所以，其實「米篩目」這三個字，正是很活靈活現的把製作的方式，呈現在這道美食的名稱之中呢！

說到這裡，好像有點怪怪的？開頭不是說米苔目源自客家人嗎？那為什麼卻是由臺語發音再轉為國語的字呢？其實，客語的發音比較偏向[mi31 qi24 mug2]（米奇墓），（某國際知名老鼠表示：我還沒死啊……）猜想可能是臺語人口多過客語人口，因此才會是臺語念法的再翻譯，而不是客語吧？

說來好像有點牽強，不過同樣是漢人移民大本營的東南亞地區，**米篩目可是有另一個有趣的別名，又叫做老鼠粉（粄）**。粉或粄，感覺就會很自然地會使我們聯想到客家人的料理，那麼老鼠呢？該不會真的跟米奇有關吧？有一個說法是，因為米苔目長條圓柱狀的外表，就很像常常在廚房裡跑來跑去老鼠的尾巴；而另一個說法則是，每一條米苔目尖尖的兩端，也很像是老鼠的臉呢！但不管哪一種典故，聽完之後實在都讓人食慾全消啊……

天母，媽祖娘娘與天照大神的臺日跨界結合

關於臺北市「天母」這地名的來由，曾有個都市傳說的傳言，不知道你聽過沒有？當時二戰結束後美國人來到這裡，好奇這地區的地名是什麼，便問了當地人說：「What place is this?」請問這裡是什麼地方啊？

當時聽不懂英文的當地人便用臺語回答：「聽無[thiann bô]」，以為這就是答案的美國人

將這兩個字記錄下來，最後「聽無」轉成國語成了我們今天熟知的地名「天母」。

這個說法固然有趣，乍聽之下也有其說服力，但深究後其實也是漏洞百出呀！二戰結束後，在臺灣的美國人如果要進行調查的話，怎麼可能不帶著翻譯？而美國人聽不懂臺語的發音而記下來的名稱，又怎麼可能這麼輕鬆就代替原來的地名呢？由此可知，這當然不是天母這地名真正的由來囉。

所以，這個在清治時期原名三角埔的地方，又是怎麼變成「天母」的呢？為了解這地名的由來，我們就不得不提到一個叫做「中治稔郎」的日本人。這個中治稔郎早在西元一九〇二年就已來台發展，一九二二年時擔任過臺南郵便局郵便課的通信書記。總之，也是在他快退休前的這段時期，他認識了一位宗教思想家，在反覆討論與思考下，他慢慢發展出自己對宗教的一套體系。待他即將退休後的一九二五年，**中治稔郎最終在迪化街一帶創立了一個名為「天母教」的新興宗教。**

這個新興宗教有趣的地方是，它並不完全是日本傳統的神道教，也不像傳統的臺灣民間信仰或是道教，而是**結合了日本神道教的太陽女神「天照大神」與臺灣信眾非常多的**

「天上聖母媽祖」。如果略懂基督宗教中「三位一體」概念的讀者們，可以把天母教想成類似「二位一體」的宗教，也就是天照大神和天上聖母其實是同一位神明，**這個宗教就是取兩位神明都帶有的強烈「母性」與「守護」的形象合而為一**。

在創立「天母教」之後，中治遠赴福建帶回一座湄州媽祖回臺灣供奉，甚至也獲得臺灣總督府的認證，中治稔郎因此成為「天母教教祖」。天母教創教前後的這段時期，日本才剛站穩在臺灣的經營腳步，總督府也非常清楚媽祖信仰在臺灣漢人中的影響力，若是一味打壓禁止臺灣人信奉媽祖反而可能造成反效果，因此並沒有對天母教進行太多的壓迫。

中治稔次郎融合了天照大神與天上聖母兩種信仰，一方面可以讓臺灣人更熟悉日本宗教，可以收編媽祖的信徒進入神道教體系，另一方面中治稔次郎後來創立了臺灣第一間結婚介紹所「御杜會」，介紹臺人跟日人介紹並進而結婚。這對總督府希望早日讓臺日融合的遠程規劃也不謀而合，當然非常同意由政府的力量進行推廣囉。

天母教成立幾年後隨著信眾的增加，教祖中治稔次郎希望能尋覓一塊大的土地建設「天母教大本殿」，也順利在一九三一年獲得總督府同意，能夠經營並開發會湧出溫泉的三角埔地區。天母溫泉落成後，隨之慕名而來泡溫泉的信眾日漸增加，附近也開啟了許多以「天母」為名的商店、旅館，甚至也設立了「天母巴士站」，這地方慢慢也有了「天母」的俗稱。

可惜隨著戰爭結束，教祖中治被遣返後，天母教也隨之消滅，今天的日本也看不見當初這個特殊的宗教了。不過，**當初天母教所供奉的「媽祖」很幸運地保存下來，現在在臺北市士林區天母東路6號的天母三玉宮內就有一尊媽祖，是當時教祖離去前交由三玉宮保管**，也是這段故事最好的見證者。

語言也會找到出路，臺灣的髒話演進史

「幹！真的還假的！」我們很難不承認，髒話在我們日常生活的溝通過程中扮演相當重要的角色。吼出來，讓人越過道德的邊境，走過倫常的禁區，似乎不那麼符合社會主流價值；但假如想當個文雅人士、換個詞說，講「垃圾話」[lah-sap-ue]（臺語）或「了少話」[liau31 seu55 fa55]（客四縣腔），又不那麼暢爽痛快。什麼是髒話？像「幹！」這種「雖讓人感覺低俗但卻充滿生活感」的語言或詞彙，就是髒話。

髒話在臺灣人的生活中著實不可或缺，即使是非臺語使用者，多少也能說出「哭爸」、「姦恁娘」，這類輕巧又實用的髒話。但是你知道嗎？若我們有幸搭乘時光機，回

到過去和以前的臺灣人一起臭訐譙。也許你當下的第一個反應會是：「哇操！你們真是屌爆了！」

和現在我們貧瘠的髒話詞彙庫相比，**從日治時期調查出版的《臺灣風俗誌》中，顯示出臺語髒話充滿了各種名目的庶民文化**；亦能從中稍微得以窺探當時人以宗教為生活重心，以及臺灣是一座移民島嶼的事實。像是「姦爾大聖王」（漳州人崇拜開漳聖王又稱大聖王）、「姦爾開基祖」（移民臺灣開展基業的第一代祖先）、「王爺捕去沉海死無身屍」等，都已經不只是羞辱父母這種等級的咒罵，而是打從心底認真污辱起對方原鄉信仰的祖先與神祇。**被羞辱至此，也無怪乎我們總是可以從臺灣史課本中看見漳泉械鬥這類的群體鬥毆事件不斷重演。**

而且從這本臺灣風俗誌中，我們亦可以想見傳統漢人社會對於「死亡」的重視，像是「拾骨頭尋無墓」（後人撿骨找不到墓）、「路傍死短命」、「汝著死的十字路頭被狗哺」（橫死十字路口頭還被狗咬）和「死無半個點香點燭」（沒人送最後一程），**這類詛咒對方不得好死的咒罵詞彙，也和我們現在對於髒話的想像不盡相同。**有可能才剛穿越回到過去臺灣，就立刻被這些使盡洪荒之力來自靈魂深處的怒吼嚇到一命嗚呼了。

伴隨著日本時期與接續國民政府的治理，雖然髒話從「姦恁娘」逐漸變為「バカヤロー」（馬鹿野郎，即是我們在日劇中常聽到的八嘎鴨肉，混蛋之意。）再到今日的「他媽的」；但也因為臺灣進入了「現代化」，在這樣文明社會中你若要成為一個「文明人」，似乎就得把這種臭訐譙的本能隱藏起來。好像只能透過電影角色情緒的釋放，像是文英阿姨在電影或劇中活靈活現連珠炮般地「靠夭（哭枵）」或是陳松勇充滿草根性與生命力的「我姦恁娘」，才能一解我們對出口成髒的深層渴望。

這樣的「文明」社會演進下，原來直截了當的「機掰（膣屄）」轉為更為婉轉隱喻簡短的「機」、「機車」、「G8」；「姦恁娘」轉為「乾」、「趕羚羊」、甚至成了火星文般的「e04」。髒話似乎因為其「髒」而被遺棄到社會邊緣成了不入流之詞。因為如此，當看見《臺灣風俗誌》中那句長到不行的**「貓仔貓比巴放屎糊蚊帳蚊帳洗無清氣捕喵仔去破戲無天光捕喵仔使肛尻半路死」**也才會被震懾住。不過，就放輕鬆吧！其實「幹」就是種對煩悶生活的咆嘯與反擊，要告訴世界「姦恁娘，恁爸還在這苟延殘喘啦！」

不必穿古裝的歌仔戲？

烏白撇撇的臺式歌劇

歌仔戲在臺灣人的生活中，好像是讓人很習以為常的「傳統戲曲」，但是穿著西服洋裝演出的歌仔戲你可就沒聽過了吧？

就目前能找到最早的紀錄，「歌仔戲」大概是二十世紀初才從宜蘭出現，剛開始演出的形式，並不像今日得先搭建戲台後才能表演，而是只要有空地就能即興演出，被稱作「落地掃」[lok-tē-sàu]。這樣便於演出與觀賞的形式，很快地就擄獲臺灣民眾的心，之後還加上了南管或北管的樂隊，讓戲曲的演出更為精彩。

更難以想像的是，一九二八年臺灣總督府的調查報告就已指出，歌仔戲的數量遠遠超過更早隨著移民飄洋過海來臺的北管戲與布袋戲，短短的一二十年歌仔戲的發展已不可同日而語。不過，歌仔戲到底厲害在哪，上輩子修了多少功德才有這樣的爆炸性發展呢？

因為歌仔戲最早是依附廟會活動而出現，主要是為了酬神而在戶外搭台演出的「外臺歌仔戲」，進入劇場舞台做售票的演出，就像我們現在進入兩廳院看劇一樣，雖然感覺有些高級。但歌仔戲多半使用臺語演出使人感到親民，又加上能隨時因應時事改編出相關的劇目，像是含恨而死的〈林投姐〉或是改編自當時屢有情侶跳臺南運河殉情社會事件的〈運河奇案〉等。當然還有舞台上華麗絢爛的佈景，使得歌仔戲在臺灣不意外地能得到民眾前所未見的喜愛與歡迎。

但這樣的輝煌時刻並沒有持續多久，隨著皇民化運動的推行，不夠「現代化」的歌仔戲備受批判，被知識份子認為猥瑣、傷風敗俗，難登大雅之堂。**《臺灣民報》就曾形容歌仔戲為「戴假面具的社會害蟲」、「毒比猛獸蛇蠍」、「淫風日盛」等。總督府也擔心「歌仔戲」會成為傳播反抗意識的溫床，因而頒布了「禁演令」。**

但此舉仍不減大多數臺灣民眾對歌仔戲的熱情，戲團往往背著日本警察偷偷演出；**據**

說當年有人會在劇場門口把風，演員也準備漢裝與和服兩套，一旦日本警察出現，就趕緊通風報信，這時舞台上方以警示的燈泡顏色會由綠轉紅，演員衣服一換、文武場隨即應變奏起了日本歌謠，一秒從正在悲泣別離的薛平貴與王寶釧夫妻，轉換成桃太郎持武士刀對決的有趣場面。

雖說當時是為了躲避日本警察的盤查，但日後這種造型與傳統歌仔戲大為不同的形式，卻反而成了歌仔劇中一種演出的形式，**被稱為「胡撇仔戲」[ôo-phiat-á-hì]。會這樣稱呼有兩種說，一種是從英文的歌劇Opera而來，另一種則是臺語中形容胡亂湊合的「烏白撇撇」[oo-péh-phiat-phiat]衍生。**

無論如何，這樣不穿著制式歌仔戲戲服的演出形式，雖然一度受到正統歌仔戲的排斥，但由於極高的彈性與融入各種文化的舞台呈現方式，近年來也有許多歌仔戲劇團以胡撇仔戲方式演出，戲服除了日本和服外甚至還有西裝洋裝。可別以為這種大拼盤式的演出很是容易，要如何巧妙的將不同語言、衣著以及不同戲曲間的律動與節奏融為一體，可是一點也不容易呢！看完這篇有機會的話，不妨親自到胡撇仔戲的現場好好體驗一番吧！

水泥的臺語怎麼唸，是紅毛土還是孔故力？

要想蓋棟房子，最不可或缺的建築材料一定少不了鋼筋水泥，但是「水泥」的臺語該怎麼說，是紅毛土還是孔固力？又有著什麼樣的典故呢？就來看看接下來的解說吧！

要提到水泥的臺語，不得不提到荷蘭人。由於西洋人的髮色比起東方人來說，顯得較淡，尤其荷蘭人的髮色多為紅色，臺語中常稱其為「紅毛」[âng mô]，因此在臺灣，荷蘭人留下的許多遺跡都被冠以紅毛之名。例如紅毛番建的港叫做紅毛港、紅毛番搭的樓叫做紅毛樓（臺南赤崁樓）、紅毛番建的城叫做紅毛城（淡水熱蘭遮城與臺南安平古堡）、荷蘭人鑿的水塘就叫做紅毛埤（嘉義蘭潭），而荷蘭人用的土就叫做紅毛土[âng-mg-thôo]。是的，所以水泥的臺語一個就是「紅毛土」。

據說當初荷蘭人到臺灣時，原本想要就地取材製作蓋堡壘用的水泥，但臺灣地質中石灰既少，也缺乏黏土，在多方嘗試下，終於試出**混合了糯米汁、糖水、蚵殼以及石砂所調製、具有臺灣特色的「臺式水泥」，據說這就是臺灣最早的水泥。由於這種水泥技術由荷蘭人引進臺灣，所以臺灣人就將這種材料稱之為「紅毛土」**，也就是荷蘭人用的土。如果到臺南觀察赤崁樓和安平古堡殘存的建築結構，可以發現其中夾雜著類似貝殼的殘跡，那就是使用安平的蚵貝所製成的石灰。

提到紅毛港，其實臺灣共有兩座紅毛港，除了高雄小港外，另一座紅毛港在新竹縣。傳說荷蘭人曾遇難被迫停泊在今天的新竹新豐地區，當時登陸處即被冠以紅毛之名；而小港區的紅毛港則據傳是荷軍在被鄭成功逐出臺灣後，暫時登陸想要重啟談判的駐紮區。

雖然荷蘭人所使用的紅毛土與現代水泥的材質、淵源和制程都不盡相同，背後的故事仍然透過臺語保存了下來。如果想知道紅毛土的臺語怎麼念，不妨聽聽經典臺語歌曲、鄭進一大哥所演唱的〈胭脂馬遇見關老爺〉中就有用臺語唱出水泥這個詞。

「可比紅毛土去超著沙／黏甲彼尼偎／可比胭脂馬拄到關老爺／安排甲彼尼仔密」

這句歌詞便提到就像拌入了泥沙的水泥，黏在一起，分也分不開了。歌名與後段歌詞中的「胭脂馬」其實也就是赤兔馬，整首歌都是在描述彼此就是天生絕配的情侶戀人，藉由關公與赤兔馬的關係來形容沒有人可以拆散。歌詞中還用了很多道地的臺語詞彙是首輕快又趣味的臺語經典歌曲，若有想學習臺語或是跟戀人告白的朋友推薦去聽聽看喔！

另外，說到水泥的臺語除了「紅毛土」之外，**也有一部分的人想到的可能是「孔固力」。其實，這個詞最初源自英語Concrete（混凝土），由日文轉音為コンクリート。**

當我們要形容一個人不知變通時，便會用「水泥頭」來稱呼，也就是所謂的「阿達瑪控固力」（あたまコンクリ）喔！」

肆

知道這些幹什麼

中秋烤肉是怎麼開始的、日本名古屋的臺灣名產、褲襠被稱作「石門水庫」的由來、臺灣最早的24小時商店、董氏基金會的董氏是誰、臺鐵老司機的注音文……這些躲藏在生活夾縫中的冷知識現在就替你挖出來。

中秋節烤肉的全民運動發展史

中秋節身為華人傳統三大節慶之一，在這個闔家團圓的日子，臺灣人習慣都要跟家人聚一聚，不管是一起吃月餅、剝柚子戴柚子帽或是賞月，其中最為特殊又專屬臺灣的習俗就是烤肉了！但你知道嗎？「中秋節就是要烤肉啊！」這句話可能還不到三十年的歷史，而且最早將中秋節與烤肉劃上等號的可能也不是萬家香唷！

網路上盛傳一九八六年時萬家香首先將醬油與當時正夯的烤肉結合，推出了「一家烤肉萬家香」的系列廣告。隔年，金蘭醬油也不甘示弱地推出，因此逐漸帶起中秋節就是要烤肉的氛圍，而腦筋動得快的商人們，更是搭上烤肉風潮趁勢推出各種相關產品。

不過早在一九七三年的《經濟日報》之中，就有這麼一篇報導寫著：「九月十一日中秋節當晚，在夢夢谷的野宴賞月會，是以吃烤肉營火會賞月為主要活動……」，而之後根據陳一中先生二〇一三年的研究，我們可以知道一九八一年的《民生報》也提及：「為增進中秋氣氛，該樂園（明德育樂園）將在中秋夜施放一百餘發五彩繽紛的煙火，並放映電影招待遊客。同時，園內並開放露營、烤肉、嬉水、遊樂等設備。」從上述報導我們可以合理推測，**烤肉一開始應該是屬於賞月的餘興節目，並且與露營中的營火晚會一起舉辦。**雖然烤肉這風氣早已行之有年，但烤肉究竟是如何跟中秋節開始連結的呢？

隔年一九八二中秋活動的廣告中，烤肉也已經出現成為賣點之一；例如外雙溪的明德樂園、內湖的圓覺樂園、台北的榮星花園和三峽的海山農林樂園都特別提到他們提供烤肉的服務。烤肉從中秋餘興節目逐漸轉變為重要的節慶活動項目，其實也說明台灣邁向工業化的過程中，大量離鄉背井的勞工紓解工作壓力、重新建立人際關係的心理需求。由於烤肉需要團隊合作，在備料、生火、烤肉和享用美食的過程裡，也有充裕的空檔讓人互相關心、閒話家常，不僅適合作為闔家活動，更能讓不太熟的朋友增加彼此認識的機會，與傳統中秋月圓人團圓的價值不謀而合。

有趣的是，即使從上述的新聞記載，我們就已知道七〇年代時，烤肉已逐漸成為臺灣人每逢中秋佳節必做之事。二〇〇七年的聯合報還是曾有過這麼一篇標題為〈中秋烤肉怎麼來 兩家香變萬家香〉的投書，作者聲稱是自己在一九九〇年的中秋節一個無心插柳柳成蔭，在籃球場上烤肉香味把鄰居吸引前來，進而使得整個社區開始舉辦團體烤肉，導致臺北市甚至擴散到全國都有烤肉的風氣，雖然這樣的「聲稱」稍微翻翻更早年的廣告及報導就可不攻自破。不過也正可看出烤肉的風氣之盛，可是從未停過呢。

平心而論，一般家庭花些小錢，只需花上幾百元採購烤肉網、木炭等，即可找塊空曠處，用磚頭或石頭搭建起臨時烤爐，就能感受全家團聚、和樂融融一起烤肉的佳節時光。便宜的烤肉網也取代一般國外大型的ＢＢＱ烤爐，讓烤肉活動不再是有錢人的休閒娛樂，只要一網在手，每個家庭都有機會烤肉，這對於烤肉風氣的推廣著實有著顯著作用。

不過，中秋就是要烤肉的習慣，隨著環保意識的抬頭也逐漸有了改變，「不要讓嫦娥笑我們髒」也從戶外賞月帶來的髒亂轉為指烤肉時所產生的大量垃圾。像是一九九六年中秋節前夕的《中央日報》配合環保署的政令宣導，就刊登了這麼一則報導〈不製造垃圾、噪音、不放鞭炮、煙火、不用保麗龍、紙杯、不烤肉中秋七不運動請你支持〉，裡面提到的中秋節環保新生活運動，希望以「登山賞鳥」或「社區同樂」取代「烤肉」以及「放煙火」以避免中秋節一晚過後，隨之而來的便是一片狼籍滿山滿谷的塑膠、保麗龍與紙碗等。以現在的角度看讓人還真那麼有點熟悉，只不過當時是怕烤肉會產生致癌物而呼籲別烤肉，到了今日則是為了防止ＰＭ2.5導致空氣污染而提倡減少烤肉。

但像是中秋節這樣的國定假日，親朋好友難得齊聚一堂，不烤烤肉好像就有點心癢難耐，烤肉活動走到了三十年後的今天，早已成為我們生活日常的一部分。如果怕煙燻或是嫌備料麻煩的話，無煙烤盤或是直接到燒烤餐廳飽餐一頓也是很不錯的選擇啦！

左宗棠從來沒吃過的冠名料理美食：左宗棠雞

西方國家總對神秘的東方力量有諸多誤解，例如以為東方人吃完飯一定要嗑一個幸運餅乾，或者以為中式餐館的白色方型紙盒是偉大的亞洲工藝。要說排名第三的話，大概就是以為左宗棠雞是一道很有名的中國菜，或者更進一步來說，是道湖南名菜。而且一定與左宗棠有關係，又或是用來紀念他發明的，這點不只是西方國家，也是許多東方人甚至臺灣人的誤解。

「左宗棠雞」這道菜，是由人稱湘菜廚神的彭長貴所發明的。除了左宗棠雞以外，彭長貴還創造了許多名菜，例如：蜜汁火腿、富貴雙方、紅煨羊、彭家豆腐等。根據報載，一九五二年時，太平洋第七艦隊司令亞瑟・雷德福上將訪問臺灣。國防部指派海軍總司令梁序昭接待，梁序昭找彭長貴準備宴客的菜單。在第三天時，彭長貴為了變換菜單，於是將雞肉斬塊，先炸後炒後，佐以特製醬料而推出全新菜色。雷德福上將一吃，驚為天人，對這道菜讚不絕口，並詢問了彭長貴這道菜的名字。**彭長貴因為當時賓主均為將領，而左宗棠為湘軍大將，曾參與平定太平天國及新疆回變，且和彭長貴為湖南同鄉，因此將新菜命名為左宗棠雞。**

後來彭長貴在一九七三年赴美發展，在紐約開設餐廳。美籍華裔建築師貝聿銘曾邀請季辛吉到彭長貴的餐廳「彭園」用餐，而「彭園」獨家供應的左宗棠雞深受當時美國國務卿季辛吉喜愛，堪稱招牌菜，從此紅遍全美，各地的中式餐館均競相模仿，美國廣播公司甚至為此推出特別節目。而在美國，左宗棠雞也為了迎合西方人的口味，從原先的辣味，轉向成酸甜。

從此，左宗棠雞便成為美國人心中最具代表性的一道中國菜，甚至在李安以美國為背景的電影《推手》以及《囍宴》當中都有出現。然而，這道菜在亞洲卻反而不容易見到。而彭長貴先生雖然以湘菜聞名，但是因為左宗棠雞是近代所創作的新料理，因此也並不被認同是湘菜。如今，雖然不至於再發生來到中國沒有人聽過左宗棠雞這道菜的笑話，但是可以確定的是，**這道菜是因招待美國人而創作，也因受到美國人喜愛而聞名**；雖然現在走出美國也吃得到，但是大概名氣也只留在美國吧。

還有個小觀察想跟大家分享一下，前幾年在熱門韓劇的帶動下，臺灣吹起了不少韓式炸雞的專門店，韓式炸雞的步驟是將炸過的雞肉拌上韓式辣醬，但這樣的做法其實不就跟左宗棠雞有異曲同工之妙嗎？所以只要你會做左宗棠雞或是韓式炸雞，只要稍加變化一下，你也會做另一道菜囉！

來自日本名古屋的臺灣味美食

你吃過嗎？

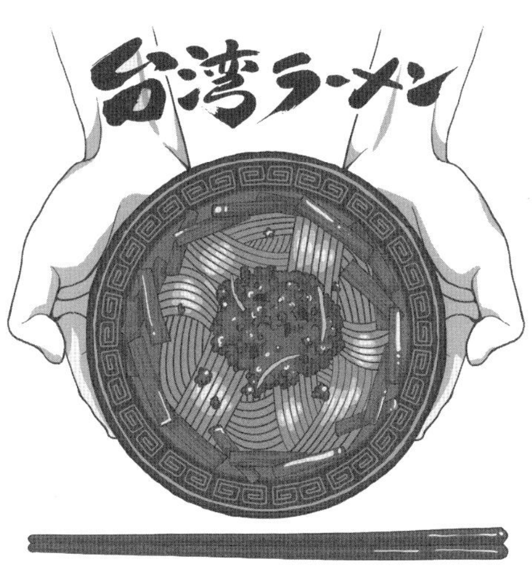

這幾年，陸續有許多日本知名拉麵店來臺開設分店，也吸引了饕客紛紛不遠千里的品嘗。拉麵一直以來都是日本的知名的美食，也是許多遊客訪日必定會吃的食物之一。不過，你知道名古屋的特產之一居然是臺灣拉麵嗎？這背後到底有什麼故事呢？

在日本的東海地方，以愛知縣的名古屋為中心，臺灣拉麵是當地的高人氣產品。臺灣拉麵最初的起源是名古屋市的知名中華料理店「味仙」。在一九七〇年代，**「味仙」的老闆郭明優有別於傳統日式拉麵，以雞湯作湯底，將臺灣小吃擔仔麵與四川的辣味結合，並配合名古屋人的口味加辣，做出了很辣的雞湯肉燥拉麵。因為首創這道特色料理的郭明優來自臺灣，所以取名為「臺灣拉麵」。**

臺灣拉麵的湯頭裡有絞肉、韭菜、蔥、豆芽菜等，是仿照臺南擔擔麵的口味，但加入了辣椒，使得口味變得非常辛辣。為什麼臺灣拉麵裡的肉燥會炒了辣呢？這是因為味仙的**郭老闆雖然是臺灣人，但還未滿一歲就舉家移民日本了。他在返臺旅遊時獲得了融合擔擔麵與日式拉麵的靈感，但又加入了一點川辣味的創意發想，進一步發明了臺灣拉麵。**

對日本人來說，臺灣拉麵非常的辛辣，是屬於「激辛」系的拉麵，但是根據網友經驗，臺灣拉麵的辣度是臺灣人比較能接受的口味。如果到名古屋旅遊，而不知道辣度是否符合自己口味，讀者還可以考慮選擇義大利風臺灣拉麵（イタリアン臺湾ラーメン）或美國風臺灣拉麵（アメリカン臺湾ラーメン）唷！

等……等一下！為什麼已經是很異國風的臺灣拉麵又會和義大利與美國扯上關係呢？

其實義大利風就是取義式咖啡Espresso的意思，表示濃縮、辣度加倍的意思；而美國風的典故則是出自Americano的意思，就像美式咖啡一樣，是經過稀釋後比較不辣的口味喔！

不過，相較於在名古屋被視作當地特色，甚至推出臺灣拉麵口味的泡麵，臺灣拉麵原本在臺灣是吃不到的。要一直到二〇一六年時，才在來臺展店的日本某知名拉麵店中推出名叫「名古屋王」的臺灣拉麵。下次，如果有機會去名古屋的話，或許可以考慮試試真正道地的「臺灣拉麵」！或是行李還有空間的話，多帶幾碗臺灣拉麵的泡麵回來感受一下外國人眼中的家鄉味是什麼樣的樣貌，也別有一番滋味。

為何選舉時大家總愛問「到底牛肉在哪裡？」

每到了選舉投票期間，相信你我都會不斷聽到各個參選人或是新聞媒體喊出：「牛肉在哪裡？」的口號，「牛肉」在這裡，指的當然不是可以吃的牛肉，而是政見或是政策的實質成效在何處。不過，不知道大家有沒有想過，為什麼是牛肉而不是其他的食物？難道是牛肉比其他肉貴上許多，所以才使用「牛肉」來形容政見或政策嗎？

其實這句我們都耳熟能詳的話，是**源自一九八四年遠在美**

國的連鎖速食店溫蒂漢堡在電視上播映的經典廣告詞。三位太太們在櫃檯前點了一份牛肉漢堡，送上來的漢堡麵包超級大，牛肉相較之下卻小得可憐，甚至讓視力不佳的老太太們不斷大叫：**「Where's the beef?」**

這個廣告詞的構想是一個行銷上的策略，想要用來打擊當時在美國速食業市佔率前兩名的麥當勞和漢堡王。一方面這是依據美國農業部的調查報告，該報告指出溫蒂漢堡的牛肉餡比麥當勞多出零點幾盎司；另方面因為溫蒂漢堡將客群設定在「成年人顧客」，這個廣告正好告訴大家：溫蒂漢堡不僅漢堡麵包很大，連牛肉也都絕對物超所值唷！

這個廣告推出以後，因為老太太們誇張的動作與表情大大諷刺了「麥當勞叔叔」的短斤少兩，使得溫蒂漢堡當年度的總收入增加了31%。當時這個廣告的火熱程度，甚至讓作曲人Nashville和DJ Coyote McCloud寫了一首名為〈Where's the beef?〉的歌曲，作為行銷溫蒂漢堡的主題曲。

然而，這個系列的廣告在隔年，也就是一九八五年就停止播映，原因是拍攝這系列廣告而走紅的老太太演員Clara Peller接了Prego這個公司的義大利麵醬汁的廣告，在廣告中她首先問了那句經典台詞「Where's the beef?」，然後嚐了一口該公司生產的醬汁後大叫：「I found it! I really found it.」

這讓溫蒂漢堡氣得決定終止與Peller的合約，因為當時該公司的發言人指稱：「Peller只能夠在溫蒂漢堡找到牛肉，其他地方都不行。」而Peller僅簡短的回應，認為她已經為該公司賺進了大筆營收，不該如此對待她。

只是這樣的爭議並未讓那句廣告詞從此走入歷史。**在一九八四年的時候，美國爭取民主黨總統候選人資格的蒙代爾（Walter Mondale）便用這句話質疑黨內對手哈特（Gary Hart）提出的政見缺乏實質內容。**當時那支廣告正好是最火紅的時候，觀眾一聽都忍不住地大笑了起來。**自此，這樣的說法便在政治圈變成廣為流傳的名言，甚至直接被臺灣的政治人物翻譯後來使用。**

至於溫蒂漢堡的牛肉呢？過了二十七年以後，二〇一一年該公司才終於推出一支廣告告訴消費者：「真正的牛肉是在這裡啦！」看了歷經將近三十年的漢堡大戰，大家會不會突然想吃漢堡，並且大叫「牛肉在哪裡」呢？

白蘭洗衣精為什麼會叫「白蘭」呢？

「白蘭」，這個在臺灣的老牌清潔用品，名稱到底是怎麼來的呢？雖然現在白蘭洗衣精是個家喻戶曉的品牌，不過其實在最最最一開始的時候，它並不如現在一般眾所周知。有些人可能還記得，早期有個臺語片女星也叫白蘭。那麼，白蘭跟白蘭之間又有什麼關係呢？該不會又要說沒有關係了吧？**錯了喔，其實兩個白蘭之間的關係相當的密切呢！**

在一九六〇年之前，當時臺灣民眾的生活水平不比今日，日常生活的各種清潔或清洗需求，往往都是用「肥皂」來解決；從洗澡、洗頭到洗衣服，都是用一塊肥皂洗到

底，不禁讓很多男性想起成功嶺的生活……

當時，「利台化工」率先推出了臺灣第一款粉狀的洗滌劑，不過在洗衣粉的使用還未普及的臺灣社會中，仍有許多民眾尚未接受以洗衣粉這種形式來清洗衣物。因此，為了推廣洗衣粉的使用，利台化工組成了廣告車隊，親自到水井旁、溪邊等，各種人們洗衣服的地方，親自示範如何以洗衣粉來清洗。這支車隊帶來的廣告效果相當好，很快的，許多民眾陸續接納使用洗衣粉來洗衣服。

洗衣粉在臺灣逐漸開始熱賣的年代，也是政府鼓勵鼓勵外資來臺投資設廠的年代。而美國的寶鹼公司（P＆G）發現臺灣的洗衣粉市場好不熱鬧，怎麼可以不分一杯羹呢？為了避免兩個公司的競爭導致兩敗俱傷，在政府的協調之下，利台化工就這麼賣給了美國的寶鹼公司。在併購的同時，寶鹼公司還提出了一個附帶條件，前利台化工的董監事們三年內不得製造及販賣洗衣粉。

後來，利台化工的前員工們於一九六七年組成了國聯工業公司。一開始，國聯工業公司推出了盒裝的玫瑰洗衣粉，但是因為知名度不高，因此銷量不佳。針對這個問題，

一九六九年國聯工業公司準備推出新產品洗衣粉時，剛好適逢當時如日中天的影星白蘭主演的電影《玉觀音》上映，為了拉抬知名度以提升銷量，國聯工業公司索性將品牌命名為「白蘭洗衣粉」，並邀請白蘭擔任代言人。

乘著知名藝人的順風車果然讓知名度大幅提高，銷售的表現也相當理想，市佔率逐漸提高，甚至迫使併購利台化工的寶鹼公司退出了臺灣的洗衣粉市場。而後，白蘭洗衣粉長年在市場中有穩定的表現，多次榮獲理想品牌，時至今日仍為臺灣知名品牌。

雖然影星白蘭息影多年甚至已逐漸消失在大眾的記憶之中，但洗滌界的白蘭仍在你我生活中發光發熱，這應該也是白蘭本人始料未及的吧！

為什麼拉鍊沒拉會叫做「石門水庫沒關」呢？

不論你是男生還是女生，一旦有人提醒你褲襠拉鍊沒拉都是很尷尬的問題。而在臺灣，常常會用「石門水庫」來代表沒有拉上的拉鍊，但是大家知道為什麼拉鍊會用石門水庫來形容嗎？

據說原因是在一九六〇年代時，中國小姐選美比賽中的機智問答，主持人問其中一位選美佳麗說：「如果有一位男士褲子拉鍊沒拉，妳該怎麼委婉地提醒他呢？」那位佳麗想了一下，

回答說：**「我會跟他說，您的石門水庫沒關。」**據說，最後雖然那位參賽者最後沒有獲得名次，但是她機智回答出「石門水庫」的用法就這樣留了下來。

這個說法流傳至今，已不太容易考證，特別是故事中的佳麗沒獲得名次，就更難得知事情的真相了。但有趣的是，中國小姐選美自一九六〇年開始只舉辦了四次，就因為被認為是在替高官的選妻，以及財務糾紛而於一九六四年停辦。所以要考證到底是比賽中誰說的也許不那麼難？

不過，會有這樣的說法，更有可能的是**一九六四年正式啟用的石門水庫，在當時可是東亞最大的水庫，也是臺灣第一座多功能水庫**，不只有蓄水與給水的功能，更包含了灌溉、發電防洪甚至還有觀光的功能。當地的一魚三吃直到今天，還是很受歡迎呢！

總而言之，綜合上面的原因，可能正是因為石門水庫具有這麼跨時代以及指標性的意義，即使不見得真的是選美比賽的佳麗所說，但其洩洪的壯闊景象，可是深深地烙印在當時的臺灣人心中，也才會把褲子拉鍊沒拉用「石門水庫」、尿尿則用「洩洪」來形容吧！

只是拉鍊沒拉的狀況當然不是只有臺灣會發生囉！**像是日本，則是用「社會之窗」**

（社会の窓）來代表沒拉的拉鍊。這是為什麼呢？一九八四年日本NHK的電視節目「インフォメーションアワー・社会の窓」（Information hour window of society），探討各式各樣的社會問題，很多重要的事情，其實都藏在社會平常沒人注意的角落之中，就像本書的冷知識一樣。也因為這個節目大受歡迎，因此這個節目的名稱，就被很含蓄的借用成為拉鍊沒拉。畢竟很重要的東西藏在平常不會注意的角落，所以拉鍊沒拉起來，就是社會之窗沒有關好。

還有還有，在遙遠北歐國度丹麥的首都哥本哈根，有個當地人跟旅客都會去遊玩的遊樂園「蒂沃利花園」（Tivoli Gardens）。這座一八四三年開園的主題樂園，是現存世界上第二古老的公園，因此對於丹麥人不只是一個遊樂園，而是一個很重要的精神象徵，**所以在丹麥，如果有人拉鍊沒拉，他們會說：「你的蒂沃利大門沒有關」**。

總之，不管怎麼樣稱呼褲子的拉鍊，都是希望可以在最不尷尬的狀況下，提醒拉鍊沒拉的人囉。看完這篇冷知識，趕快檢查一下自己的褲底吧！

董氏基金會的董氏跟董事並不是同一個人

不管你是不是癮君子，一定都會知道臺灣致力於菸害防制最為著名的「董氏基金會（John Tung foundation）」，甚至可能記得歷年來替基金會代言戒菸活動的各個代言人，像是蔡依林與林依晨，也許還有前陣子已先前往天堂，大家的老朋友孫叔叔——孫越。但是你可曾想過，董氏基金會的「董氏」到底是誰嗎？

這個問題感覺只要搜尋董氏基金會的官網，應該就立刻可以找到答案了吧？但是，點

開董氏基金會的網站，網站上的內容幾乎都和戒菸有關，要找到「董氏」來歷的線索還真是難如登天、大海撈針。找來找去，除了知道董氏基金會的英文名稱有個「Tung」，對董氏我們依舊一無所知呢。

幸好，按下第一個超連結「董氏情，公益心」就跳出這行字。「財團法人董氏基金會於一九八四年五月十九日由董之英先生與嚴道博士共同創立，嚴道博士任董事長，以『促進國民身心健康、預防保健重於治療』為宗旨……關懷全民身心健康。」

然而，繼續點開網站其他選單都沒有看到其他有關董之英這位先生的消息，但我們可以從這段文字中得知，**「董之英」就是董氏基金會的創立者無誤了**。

如果把「董之英」當作關鍵字丟進google搜尋後，跳出第一筆搜尋結果是：「香港仁濟醫院董之英紀念中學」。咦？可是董氏基金會不是臺灣的基金會嗎？香港的這個董之英難道不會只是剛好同名同姓？

為了繼續查明真相，我們只好從基金會另一位創辦人「嚴道」下手查起，相較於故事的主角董之英在創立基金會後就退出管理，嚴道一直留在基金會內推動運作，直到二〇〇二年以八十二歲的高齡過世，留下的資料也比較多。

一九二一年出生於中國上海的嚴道，一九四四年完成東吳大學法律系的學業後便到美國印地安納大學攻讀法學博士，畢業以後回到香港，隨後又移民至巴西經商。因經商致富的他，據信也是在這段期間，認識了同樣出身上海因為躲避戰禍來到香港經營益豐塘瓷廠的董之英。講到這裡好像故事都還是兜不起來啊？臺灣跟香港不是還隔了一個臺灣海峽嗎？

國共內戰結束後，雖然中華民國政府迫遷到臺灣，但當時英屬香港大多數人仍視在臺灣的中華民國政府為「正統中國」，許多商業大亨也時常來回臺港兩地，並和中華民國政界有良好的互動與交情。後來位於桃園的益新紡織公司就是香港的董之英和當時合作的臺灣人持股各半所成立。

總之，從董氏基金會的網站記載中我們可以知道，**一九八四年時嚴道替董之英解決了一件法律糾紛後，兩人的交情也愈來愈好。當年的嚴道因為菸癮而被切除肺葉，轉而決定推動禁菸運動，也說服好友董之英捐出一億臺幣成立了董氏基金會。**這感覺怎麼有點像是這幾年電視上很流行的「本節目由×××冠名贊助。」

在成立基金會後，董之英便全權交給嚴道來經營，並在兩年後（一九八六年）過世（基本上只有出錢而已），這也是為什麼董之英對臺灣人來說十分陌生，甚至是從沒聽過的神秘角色；而前面提到的香港董之英紀念中學也是他捐錢所興建的；董之英與新加坡前總理李光耀亦有私交，甚至捐錢興建了一間名為John Tung的圖書館，董氏基金會的英文名稱就是董之英的英文名字。

今日的臺灣大部分提到董氏基金會的時候都會立刻連結到嚴道這人，嚴道在辭世前也有很長一段時間常被稱作「董先生」，但其實嚴道並不是董氏基金會的董氏而是董事喔！

你最愛吃的泰式美食可能都是臺灣製造

在臺灣讓人最感到幸福的一件事情，就是能夠輕易地就吃到各種不同國家的特色當地美食，像是「月亮蝦餅」、或是「泰式椒麻雞」都是許多人到泰式料理餐廳必點的菜色。等等！其實「月亮蝦餅」跟「椒麻雞」最早在泰國可是吃不到的唷！**月亮蝦餅是一道在臺灣發明的「泰式風味」料理。泰國人原本吃的是「金錢蝦餅」或是「魚餅」**，並沒有月亮蝦餅這道料理的存在。

泰國當地會吃的「金錢蝦餅」長得和日式料理中可樂餅有些雷同，其實作法也有點相似，金錢蝦餅是用蝦泥裹上麵包屑或麵包粉油炸而成；而月亮蝦餅據稱是泰國廚師來臺之後改良發明的，作法則是用形狀如同滿月的春捲皮，上下包覆蝦泥再油煎到金黃酥脆，切片之後轉成尖端向外，配上沾料就是可以上桌的月亮蝦餅了。

有趣的是，在臺灣發明的「月亮蝦餅」因為太受歡迎而盛行在各地的泰式餐廳之中，導致到泰國旅遊的臺灣遊客，屢次詢問本來沒有這道菜的餐廳，使得這道誕生於異地的「月亮蝦餅」，因而紅回泰國，現在泰國國內的一些臺菜餐廳都可以看見這道菜唷！

而另一道泰式椒麻雞，炸過的雞肉塊，外表酥脆，內部雞肉軟嫩，搭配上椒麻醬汁，微微酸甜卻帶有花椒的口感，也是大家到泰式餐廳必點的料理之一。但事實上，**最早椒麻雞是發源自中國雲南的水煮料理，由於泰國與雲南接壤，椒麻雞的好滋味傳入以後，經過改良以後成了用油炸酥脆加上魚露的「泰式椒麻雞」**。

怎麼會這樣！那我在泰式餐廳吃的都不是泰國料理嗎？別擔心，另一道經典料理「泰式打拋豬肉」，就真的是來自泰國的料理囉！被稱作**「打拋」並不是因為把豬肉打來拋去**

變成肉末而來，其實打拋是一種常見於泰國的香草，原名Bai Ka-paw（嘎拋葉），算是九層塔的親戚，別名泰國聖羅勒。不過在臺灣大部分的餐廳都直接用九層塔代替，但嘎拋和九層塔其實味道上還是有很大的不同的唷！就像點了羅勒義大利麵結果餐廳卻用九層塔代替，這可是完全不同的香料啊！

說到這裡，你可能會想要崩潰吶喊，到底泰式餐廳內有什麼是道地的泰國料理呢？其實飲食文化就是這樣，不管你在什麼國家，都會遇到為了符合當地口味而進行改良的烹煮方式，像是前面提及日本名古屋的「臺灣拉麵」、歐美的「加州卷」壽司，皆是類似的例子，能夠盡情享受美食也許才是最重要的吧！

長榮航空名稱的英譯真的是叫夏娃航空嗎？

二〇一六年九月，梅姬颱風侵臺其中一晚，長榮航空數架班機在天氣不佳的情況下降落於桃園機場，當時也引發了許多的討論與爭議。有人覺得長榮航空的機組人員藝高人膽大；也有人覺得不該為了節省開銷而讓乘客與機組成員冒著生命危險降落。

不過與此同時，許多網友在那波討論中，用上了許多有趣的代稱來稱呼長榮航空，例如綠地球、夏娃航空、新世紀福音戰士

等。除了綠地球這個稱呼來自於其企業標誌外，其他暱稱大多是基於長榮航空的英文名稱「EVA AIR」。說到這裡，EVA AIR到底要怎麼發音呢？就像Costco也有人唸Costco更有人唸成Costco，Eva航空也有不同的念法囉！一起來猜猜看到底Eva航空該怎麼念什麼呢？

一，把EVA當作Eva一個字來唸，即E-VA。

二，把EVA三個字母拆開來唸，即E-V-A。

公布答案，**正確的念法是把三個字母拆來唸，也就是唸作E-V-A Air唷。**你猜對了嗎？根據長榮航空官方網站上的影片，我們就可以很簡單發現，E-V-A Air的確是官方的稱呼。此外我們也可以在Youtube的眾多影片裡，隨意搜尋長榮航空，能夠找到機場地勤的廣播，念出來的內容正是長榮航空所使用的正式全名E-V-A Airways。

儘管如此，如果瀏覽長榮航空的日文版網頁，則會發現官方的日文名稱是エバー航空，念成e-ba航空。咦？前面不是才提到說三個英文字要拆開念嗎？乍看之下好像就是用

片假名標示外來語來表示Eva，但是如果我們仔細一看日文版的長榮航空介紹，其實馬上就可以發現，這應該是取自其母公司的名稱エバーグリーン・マリン，即Evergreen Marine。也就是說エバー其實是Ever的意思，可不是Eva唷。

但還是有一個例外是長榮航空在無線電的呼號——Eva，雖然根據上述的精神，應該要讀作E-V-A，**因無線電通訊力求簡單易讀且精確，因此收聽航空管制無線電的時候如果注意聽，就會發現航管人員或機師需要的時候會念成Eva（夏娃）喔。**

那麼EVA到底代表的是什麼意思呢？其實就是與其母公司長榮集團連結的Evergreen Airways的意思。等等，剛剛不是說了，EVA AIR的官方是E-V-A Airways嗎？那全名該不會是Evergreen Airways Airways這樣不就重複出現了兩次airways？是的，但是知道這個又可以幹嘛呢？

手機網路尚未普及前的人肉GPS定位系統

這幾年大家應該都有明顯感受到，國內的城市與環境美學的風氣有漸漸受到重視。過去生活中大家會覺得不好看，但又因為民生必需而不得不存在的設施，經由設計的微整形後，有漸漸的融入大家的生活，甚至是替大家所居住的城市妝容加了不少分。而「變電箱」就是最明顯的範例。

以前的變電箱，簡單一點的就是個墨綠色方形機臺，上頭有臺電標誌的噴

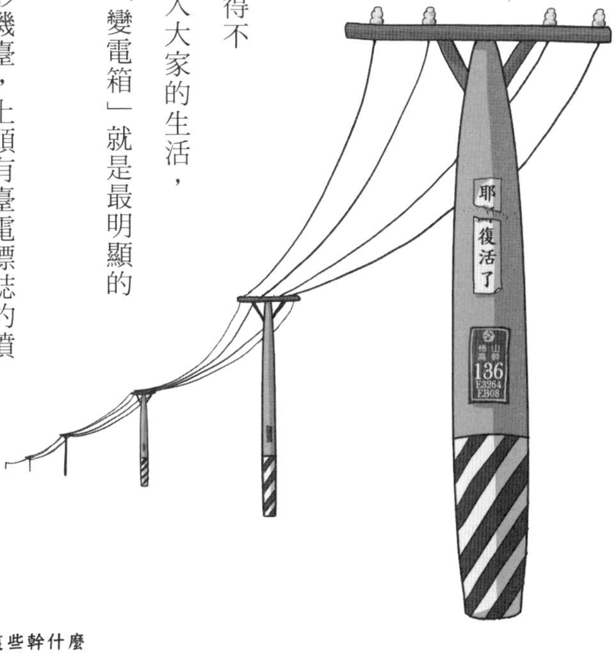

漆，再噴上紅色的警告文字寫著「電器設備，請勿開啟、攀爬」；好一點的會噴上萬年不變的青山綠水風景圖，並矗立在街頭的各個角落，但如今有些地區的變電箱已經偷偷換了新配色與字型設計。以臺北為例，新的變電箱主色調經過該路段的色彩調查，選擇出與該路段協調的色彩，讓變電箱與周遭環境融為一體，在視覺上顯得既平和又協調，有些城市像臺南則是結合地方的文化與歷史特色加以彩繪。

同樣身為供電系統之一的電線桿，雖然政府致力推動地下化作業，但礙於經費、變電箱放置用地等等問題，仍有許多電線桿矗立在街頭。而上述這些每天都可能會看到的電力設施，你可曾經注意過上面的密碼呢？這裡說的密碼可不是聖經節錄名言、消業障增福慧的六字箴言，或「青少年純潔騙殺全國」這些文字，而是一組英數代碼。

看到這邊應該有人已經知道了，這篇要為大家講解的是「電力座標」，**但若你以為這是臺電工程師的事，事不關己而略過不看的話可就錯了，因為在危及時刻這組密碼或許能你一命喔！**這組寫著一串英數的神秘代碼，其實可不只是給臺電工程師所看的代碼而已，而是可以實際讓人知道自己所在位置的地理座標，是個可以在地圖上精確定位的圖號座標，通常又稱之「電力座標」。**電力座標是臺電公司將臺灣常用的TWD67座標，依照其特殊編碼方式而形成的一套國際座標系統。**

至於如何將電力座標轉換成一般地圖上的座標呢？首先你可以先將電力座標上的代碼抄下來，以205頁插圖舉例來說，E3264是圖號，EB08為座標。接著在網路搜尋「臺電圖號座標定位系統」網站，在網站中輸入圖號與座標（中間無間隔），再按下定位。如此一來，網站就會找出門牌號碼以及地圖上的位置囉！一點也不難吧？

所以要是**哪天因為登山或身處荒郊野外迷路急需救援時，只要電話還有訊號，週遭也有電線竿或是變電箱就有救了，只需要只需告知救難人員這組座標，他們就能夠將這組座標轉換成經緯度座標，再使用GPS定位協尋。**尤其是在網路收訊較差的山區或偏僻道路上，電力座標編號就會變得非常好用。

臺灣最早開始24小時營業的店家不是便利商店

二戰結束後，隨著中華民國政府接手臺灣，部隊裡各省官兵與隨軍來臺的人民，也將中國邊疆、內陸與北方等地區的各色飲食文化帶來臺灣，豐富了這座島嶼的味蕾。

今天早已成為臺灣人習以為常的餐點選項，最為在地經典的套餐非豆漿加燒餅配油條三位一體莫屬了。雖然油條早在戰前便已是臺

灣早餐文化的一部分，但燒餅與豆漿除了藉著外省族群的傳播漸漸成為早餐不可或缺的角色，其實也跟運動賽事開始在電視上轉播有些淵源。

說到運動與早餐，可能有不少人起床的第一件事，就是打開電視看NBA或美國職棒大聯盟，比賽結束後再到巷口的連鎖早餐店拎一份早餐，開啟一天的生活。**而回到戰後六〇年代末與七〇年代初的臺灣，當時許多人——尤其是臺北人，一天的結束與開始，則跟中華少棒緊緊地繫在一起。**

當時異軍突起打進美國威廉波特世界少棒大賽的中華少棒隊，無疑使剛從戰後的種種混亂中復甦的整個臺灣頓時沸騰。但並不是人人家裡都有電視，於是有賽事時，呼朋引伴地擠在某人家裡一起為中華隊加油成了很普遍的夜間活動。因為時差的緣故，比賽終了經常已是臺灣的凌晨時分，賣力為國家隊吶喊完使人飢腸轆轆，而且勢必要為方才的比賽七嘴八舌評論一番，消解觀賽後的激情。儘管臺北已然是臺灣最先進繁榮的首都，但當時24小時營業的便利商店尚未出現，上哪找吃的呢？**這時，由外省師傅們經營的豆漿店在誤打誤撞下成了最好的去處。早期豆漿製作非常依賴人工，包子饅頭燒餅都得費時擀麵、蒸**

烤，豆漿店的師傅們往往天尚未亮就開起店來。因此，看完球賽後到豆漿店吃份特別早的早餐，也就理所當然起來了。

說到這兒，你一定會想起今天臺灣各地四處都可見到的「永和豆漿大王」，而究竟為什麼「永和」會成為豆漿代名詞？

原來當時與政府一起遷來臺灣的大批軍民，除了屬於部隊家眷者會被安置在駐紮各地的眷村外，許多人必須另覓落腳成家處，而當時臺北市的人口已趨近飽和，百年來的發展中本省人也各自劃分了隱形的勢力範圍，**這時與臺北市相隔一水之遙的中永和地區便成了當時這些「新住民」的落腳之處。這些外省籍的豆漿與麵點師傅便逐漸在中永和地區挑起擔子站穩了腳步，辛苦地在這塊島嶼上的每個凌晨時分建立自己的新家園。**

如前所述，凌晨時分結束的球賽為他們帶來了商機，經過口耳相傳之下，有越來越多人從橋另一頭的臺北市來到這頭的永和喝一碗深夜與清晨之交的豆漿，再來上一套香酥脆真開胃的燒餅油條，實在好過癮！漸漸地這也成為了一種風尚。**而後在經濟成長、社會生活型態轉變的七八零年代，廣受歡迎的永和豆漿甚至比便利超商更早開啟24小時制的營業**

模式呢！

戰後的臺灣在面臨了種種離散與悲傷，並充斥著各樣混亂與衝突的同時，也迎來了更眾聲喧嘩的飲食饗宴，在滾滾時代洪流中流動的不僅只是國族與家園，舌尖上的滋味也風起雲湧地移轉著疆界。豆漿、燒餅與油條，這樣一份平凡的中式早餐，帶來了源於海另一邊的濃醇酥香，隱約也夾著從流離到安定，那份充滿韌性與堅毅的焦澀，對某些人而言，或許也帶著一種鄉愁的滋味吧！

我吃的春捲跟你吃的潤餅是同一種食物嗎？

大家應該都吃過春捲或潤餅吧，不過這兩種東西真的是一樣的嗎？若要問起清明吃春捲的習俗，不少人會提起寒食與介之推：春秋時代晉國公子重耳受到後母驪姬迫害，在外流亡十九年後最終返國成為五霸之一的晉文公。他為了感念流亡期間照顧他的介之推，於是將綿山封給了介之推。相傳晉文公為了見一直避不出山的介之推，下令焚

山想逼他出來，沒想到卻燒死了介之推。晉文公懊悔不已，將介之推死前抱著的柳樹做成木屐，並設立寒食節禁火以紀念介之推。由於禁火令，因此人們只好將食物用餅包著吃，這就是春捲的由來。但其實史籍裡並沒有提到燒山，只說晉文公找不到介之推，燒山一說很可能是野史穿鑿附會的。

早在春秋戰國時期已有用蔥、蒜、韭、芫荽與蕓薹（即油菜）祭祀春神的紀錄，祭祀春神後須食用這「五辛」。因五辛味道辛辣，後來逐漸發展出以麵餅包裹五辛成為「春餅」食用的習俗，這是現代春捲與潤餅的前身。春餅並不限制吃的時間，但因寒食節只能吃寒食，期間甚可長達一個多月，官府甚至還會派人巡檢，因此春餅與寒食漸漸連結在一起。**唐代又將日期接近的寒食與清明合併，時間也縮短為一至三天，因此寒食吃春捲與清明掃墓祭祖的習俗也就漸漸融合在一起了。**

在中國，整個春季裡都能吃春捲，而且春捲多半炸過，餡料也跟潤餅有些差異；但在臺灣習俗裡普遍在清明時吃春捲，春捲皮是軟的，因此又稱為「潤餅」。**有一說潤餅的「潤」字，其實應該寫作「輭」（音讀軟），意思是柔軟，所以潤餅其實是春捲的一種，**

但一般不經過油炸處理，餅皮軟而柔嫩，即包即食。

臺灣由於南北口味不同，南部的潤餅裡會包上花生糖粉、或包入炒麵以增加飽足感；北部則以不加糖的花生粉為主，或包入紅糟肉，與南部包香腸熟肉的餡料大不相同。閩南部分地區因為臨海，還會加上海蠣、蝦或蟹管等海鮮，不同地區也有各種餡料分開炒製、一起炒製、包入乾料或包入濕料的口味差別，不知道你家吃的是哪一種口味呢？

臺鐵老司機才看得懂的列車注音文

有沒有人是需要天天搭火車的通勤族呢？你是否曾在搭火車的時候看到停在另一個月台的貨車，側面總是有一些奇怪的符號跟注音。後來才知道這些看似奇奇怪怪的符號其實那是一種電碼，並且蘊含著許多訊息。

這些讓人看了一頭霧水的密碼，是專門讓鐵路局的工作人員方便辨識所用的！**這些在火車貨車上的注音符號又稱作「國音電**

碼」，**之所以會有這種用法，其實受到日治時期影響十分深遠。**在大正年間（民國初年），由於電話並不像今天這麼普遍，大部分人使用的都還是電報通訊。而電報為了節省字數，通常會使用一兩個片假名來代替整個名詞，例如熊本（クマモト）可能就會縮寫成（クマ）二字，有點像以前的B.B.Call時代的數字暗號。

同樣的情形也運用在當時的火車上，由於各站之間為了掌握列車時間，必須講求時效性，這樣的縮寫也就非常重要。當時的臺灣因為受到日本殖民統治，因此也用了這套電報略號。到了戰後時期，**為了讓習慣電報略號的鐵路局員工能快速上手，從一九五二年起，便改為使用注音符號的國音電碼來替代這套系統。**除了訊息傳遞快速以外，因為當時還處在國共武力對峙時期，也可以避免讓敵人一眼就看出車廂裡載運了什麼貨物，畢竟全世界只有我們在使用注音符號嘛！

舉幾個國音電碼的例子像是臺北站就是「ㄊㄞ」、特快車是「ㄊㄎㄔ」。臺鐵所編寫的國音電報系統，從車站名稱到指定事項都能傳達。而一般民眾最容易接觸到的部分，就是貨車側面的諸元記號。這些文字分別代表車輛的用途以及其載重量唷！

在以前，每個臺鐵員工在員工訓練所的第一課就是學習國音電碼。而在學習國音電碼之前，還得先學會三十七個注音符號。為了避免搞錯代碼而出現烏龍指令，**臺鐵也編纂了一本國音電碼手冊用來對照翻譯，裡頭詳細的將所有車站、地名、單位與常用行車作業等詞彙統一編目整理，是以前站長、駕駛與列車長人手一本的必備手冊。**

不過隨著時代的變化，國音電碼也逐漸被廢除。昔日的注音標示，先是隨著傳真機的普及而被國字取代，現在更是大多用英文來標示。然而，雖然已經不再使用，但是這些臺鐵獨有的鐵道文化，現在看起來，還是是相當有趣的。

獨步全臺，唯一在冬天舉辦畢業典禮的大學

鳳凰花開，燠熱的六月天是大家習以為常的畢業季，但是你相信嗎，臺灣有一所大學，一年卻有兩次畢業典禮。這所學校正是位於基隆，以海洋相關領域為專長的國立臺灣海洋大學。**和其他大學不同，海洋大學除了舉辦傳統的夏季畢典之外，更有僅此一家、獨步全臺的「冬季畢典」**。

為什麼呢？其實原因跟海洋大學的科系類別脫離不了關

係，像是專門訓練甲板部門（Deck Department）船員的商船系，以及專門訓練機艙部門（Engine Department）船員的輪機系，到了大三、大四期間，學生依據個人生涯規劃，可能參與為期半年或一年的海上實習。也就是說，當大部分同學六月份拿著畢業證書開開心心地走出校門時，出海實習的學生可能還在海上操舵、瞭望、敲鐵鏽，連網路都沒有。等到他們實習結束返回臺灣時，不僅錯過了一般學生的畢業典禮，親友們也少了在典禮上為他們拍照祝福、送上鮮花的機會。

為了讓每位學生都能在大學生涯留下美好的畢業回憶，**從二〇一五年開始，海洋大學開始舉辦全臺唯一的冬季畢業典禮。**除了上述出海實習的學生，其他包括五年一貫學碩士、學士後學位學程、成績優異提前畢業等等沒有在傳統畢業季拿到學位的同學，都能參與冬季畢業典禮，並且受到校長一一親自正冠播穗的特別待遇。如果說夏季畢典煙火齊放的場面浩大隆重，那麼冬季畢典除了小而美之外，氣氛也格外溫馨。

也許是為了鼓勵海洋一般靈活多變的精神，校方除了發想冬季畢典之外，近幾年也在夏季畢典安排了亮點。由於校區緊鄰海洋，能就近使用小艇碼頭做為教育訓練場地，加上地緣關係也離基隆嶼非常近，所以學生們在學期間不僅可以選修獨木舟課程，**畢業生更可在夏季畢典參加「獨木舟挑戰基隆嶼」活動**。

想像即將鵬程萬里的畢業生們穿著學位服，以學校為出發點，奮力划著獨木舟航向基隆嶼，環島一周，經過約十公里的航程之後從校長手中接過「挑戰證書」，可說是海味十足，也將學校本身的特色發揮到淋漓盡致，並讓學生留下值得回憶的紀念。

味精真的錯了嗎？還是大家都誤會它了？

臺灣到處都有美食，外食比例也不低，相信許多在外用餐的朋友多少都經歷過下面的狀況：「這道菜吃完好口渴」、「我舌頭吃完都麻了」，這可能是許多人覺得吃到添加「味精」的菜餚的第一反應。而味精也從過去臺灣小吃、路邊攤必備的提味劑，到現在成了人人避之不及的化學添

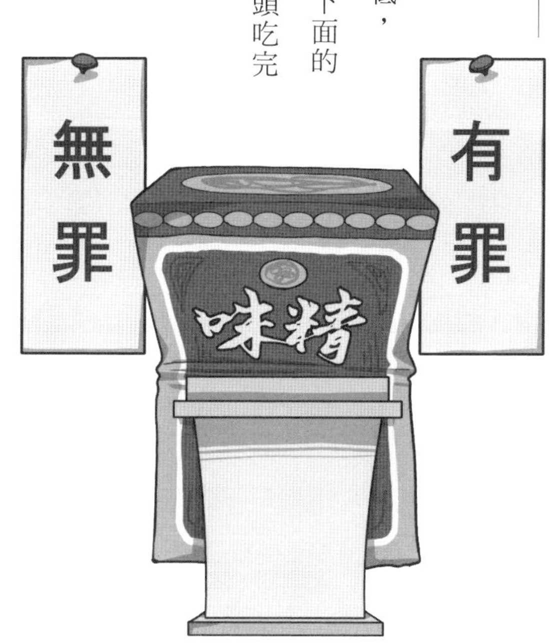

加物，味精真的是那麼壞的大壞蛋嗎？也許事情並不是你所想的那樣喔！

其實味精會出現，正是因為味覺裡除了酸甜苦鹹之外，還能感覺到第五味鮮味與第六味肥味的原因唷！「鮮味？」是海鮮的味道嗎？這個答案只能算是答對一半唷！早在千年以前，人類就已知用火，並使用各種食材來幫料理提「鮮」。不過，第一位真正搞清楚「鮮」是什麼的，是日本東京大學的科學家池田菊苗。他在一九〇八年就已經找到鮮味的秘密，他發現昆布高湯、柴魚高湯等，**之所以能讓各種料理變得美味，就是來自於高湯中「麩胺酸鹽」所產生的好滋味，並將其命名為鮮味（うま味）**。也因為這個發現，味精正式被工業化生產，使用小麥、大豆等作為原料，正式推出取名為「味之素」的商品，不久立即風靡日本乃至世界，這就是味精的前身。

而味精的正式化學名稱叫穀氨酸鈉（Mono-sodium-L-Glatamate，簡稱MSG），是穀氨酸鹽的一種。天然食品之中，許多都含有穀氨酸鹽，例如番茄、起士、磨菇、香菇……等。人體本身也會生產穀氨酸鹽，這種物質是製造蛋白質不可缺少的成份之一，對於幫助體內新陳代謝作用非常重要。因此，不論是再怎麼不會做菜的人，只要加上一點點味精

（或是雞精、雞粉、雞湯塊、烹大師），你也能擁有將清水變成鮮湯的魔力。

但是味精不像其他調味料一樣，醬油、醋、鹽巴等，透過天然釀造或是古法提煉就可以變得出來的，味精可說是近代以來的實驗室產物。但也因為出生於實驗室，讓這種提鮮物質被污名化，被認為是人工製造，不天然也不健康，甚至對人體有害。

一九六八年，一位名叫郭浩民（Ho Man Kwok）的美籍華人醫生在《新英格蘭醫學雜誌》上發表了一篇短文，文中描述了自己去中餐館吃飯後，突然出現四肢發麻、心悸、渾身無力、頭疼等症狀，他猜測這可能是由於他吃的中餐裡添加了味精所致。

沒想到這個消息剛好被媒體抄去，經過大肆報導後，引起了軒然大波，很多人也都認同，覺得自己在去中國餐館吃飯後，也出現了包括頭痛在內的各種各樣症狀，不久之後，一個專有名詞**「中國餐館症候群（Chinese restaurant syndrome）」就這樣誕生了。**從此之後，許多人因此認為味精有害人體，而不敢吃有添加味精的食物。也因此，一些餐廳甚至會在門上掛上「本店絕不使用味精」等字樣用以招攬客人。

即便在現代早已有科學實證，味精是一種可靠的食品添加劑，但味精還是擺脫不了過去的陰影。聯合國農糧組織與世界衛生組織也已於一九八七年宣布，取消過去對於成人食用味精量要限制的規定，除了一歲以內的嬰孩之外，所有人都可正常食用。

許多人認為自己會對味精過敏，這也是不太可能的事情，我們前面就已經說過，**人體自己就會合成生產穀氨酸鹽，味精與人體自己製造的穀氨酸鹽並沒有分別，消化之後進入體內也能夠正常代謝掉**。

但是值得注意的是，味精的鈉含量相當高，有心血管疾病、高血壓、尿酸高、肝腎不好的人們要特別小心，避免攝取過多。尤其一般人使用味精時，都是和鹽一起使用，同時吃進鹽和味精，就很有可能造成攝取的鈉含量過高，因此當你覺得吃完味精會口乾舌燥，其實是因為鈉攝取過多的緣故唷！

無論什麼樣的調味品，都需要適當的攝取與使用，才不會損害健康！不要自己錯了還怪人喔！

蝦密！「懶惰的蘇珊大嬸」竟然不是人

看到這篇的標題先別感到害怕，本篇不是什麼鬼故事或怪奇都市傳說，但若問這位「懶惰的蘇珊」到底是何方神聖？如果目前還是高中生的讀者應該是記憶猶新。但若你已經畢業了，還沒有將太多東西還給英文老師，或許會記得「**懶惰蘇珊**」（**Lazy Susan**）**其實就是指我們日常生活常見的餐桌轉盤**。它通常會出現在臺菜或中式餐廳裡，一般放在圓形餐桌中間，對於習慣吃合菜料理的臺灣人來說，Lazy Susan可說是相當棒的

發明，每個人都可以坐在自己位置上，不用起身就能夾到自己想吃的菜，十分方便。但你知道嗎？最初發明餐桌轉盤的目的其實不是為了方便每個人夾菜才發明的喔！

這麼方便又實用應該得紅點設計大獎的轉盤，感覺上是中式餐桌上自古到今都存在的家具，事實上二十世紀以前中式餐桌上根本沒有這種轉盤喔！而自稱發明這個轉盤的人，也不是什麼家具設計師，更不是餐廳老闆或是某位懶惰的Susan大嬸，而是民國時期著名的公共衛生專家，中國第一位諾貝爾生理醫學獎候選人——劍橋大學醫學博士伍連德。

「以厚圓木板一塊，其底面之中央鑲入一空圓鐵柱，尖端向上，將此板置於轉軸之上。則毫不費力，板可以隨意轉動。板上置大圓盤，羹肴陳列其中，每菜旁置公用箸匙一份，用以取菜至私用碗碟，而後入口，此法簡而合宜，甚為適用。」

說到這裡，各位聰明的讀者們心中應該有底了吧？會由公衛專家所發明，一定跟用餐的衛生有關。原來在當時，肺結核相當猖獗，長年位居國人十大死因之首，當時對於結核病的認識有限，許多研究都認為這個可怕的疾病，是跟華人的傳統習慣有關。在當時新興的流行病學眼中，大家一起用筷子夾同一道菜餚來吃，這種「相濡以沫」的中式餐宴簡直就是疾病的溫床啊！實在有夠可怕！

為了解決防疫問題，伍連德發明了餐桌轉盤。只要在家裡放一個轉盤在桌上，每道菜餚旁邊再放上公筷母匙，讓每位要用餐的人可以自己使用公筷夾取，不僅**顧及了衛生，也保持了傳統合菜的用餐習慣，而最初因應它的功用，也稱之為「衛生餐檯」**。只是演變至今，我們比較常聽到的都是餐桌轉盤或英文Lazy Susan了。後來的醫學也澄清了結核病的成因並不是筷子與共食。雖然研究結果被推翻了，但至少還留下了一件方便的家具。

而回到我們的主題，**餐桌轉盤原本在英文中也不是被稱為Lazy Susan，而是使用Dumbwaiter來稱呼**，直譯就是笨笨的侍者（或啞巴侍者）。而究竟為何不是Lazy Mary或Lazy David呢？其實Lazy Susan常被誤以為是源自一位叫做蘇珊的女僕，這位女僕不想在上菜的時候總是繞著餐桌走，因此才有了餐桌轉盤的發明（不要再相信沒有根據的說法了！）。

或許是因為美國過去的女僕普遍叫做蘇珊，就像臺灣人印象中的外籍幫傭會叫做瑪麗亞是類似的概念。不過以上這些說法目前都沒有實質的證據，且在Lazy Susan開始廣泛使用的年代或地區裡，僕人已經相當少見了。也有另一派說法認為，**Lazy Susan這名稱其實是某家公司所想出來的商品名稱與廣告行銷手段**，如果真是這樣，那可說是非常成功的案例呢！

菜鳥到底為什麼菜？肉腳又是哪種肉呢？

「你真的是菜鳥耶，怎麼連這麼簡單的事情都不會？」一定有許多初入職場的朋友，曾經被公司的前輩這樣形容過，但是大家有沒有想過，為什麼是用「菜鳥」來形容新進的員工？而不是用洋菜製作而成，吃起來透心涼的「菜燕」、或是製作蘿蔔糕的「菜頭」呢？

其實，「菜鳥」一詞源自臺語的「菜鳥仔」[tshài-tsiáu-á]，指的是剛學會飛的小鳥，常常飛得很不穩，甚至會掉到地上。**過去的人認為以形補形，**

多吃肉就會長肉進而變得強壯，飛不穩摔到地上的幼鳥，肯定是只吃菜，而將這樣的弱小幼鳥稱為「菜鳥」。

菜鳥一詞的由來還有另外一種說法，過去的人養鴿子是為了傳遞訊息，也就是送信之用，而稱做信鴿。但是後來**隨著時代演進，開始也有人飼養專門用來料理用途的鴿子，為了跟信鴿作區別，這種鴿子就被稱作菜鳥**，泛指被餵大，不太會飛，也沒有實際技能，只能作為食用用途的鳥。而和菜鳥相較之下，技巧純熟的老員工就被做「老鳥」囉！

說完了「菜鳥」，那麼「肉腳」呢？字面上來說，「肉腳（跤）」[bah-kha]就是指只有肉，沒有骨頭的滷肉腳，滷肉腳在形象上，給人軟弱，很容易被打敗的感覺。早期是用在賭局上，形容人賭技很差，一直把錢送給別人。

雖然**我們現在多認為「跤」指的就是腳，但其實跤原來指的是小腿，「腿跤」這個詞彙就是大腿跟小腿的合稱，也就是整條腿（不含腳）**！清末有一句俚語「臺灣錢淹跤目」流傳至今，形容當時臺灣這座島嶼處處是機會，到此處發展很容易大賺錢，「跤目」即是腳踝，在臺灣賺的錢都足以淹到腳踝了，你還不趕快來嗎？

而值得一提的是，**肉跤的「跤」，就是我們平常也會說打牌的「牌咖」，有時還會用臺語罵人「跤數」[kha-siàu]，也就是角色的意思。**而從角色的「跤」，進而延伸出A咖、B咖、怪咖等名詞，來評價一個人在他人心目中的等級程度和形象囉。

獻給愛麗絲少女的祈禱

每當音樂響起，不管是晴是雨，大家總會陸續拿著垃圾到外面去，親自將垃圾丟進垃圾車裡，也落實了垃圾不落地，這也是臺灣政府實施至今一直很驕傲的政策。

目前臺灣垃圾車播放的音樂，主要是貝多芬的〈給愛麗絲〉（Für Elise）和巴達婕芙絲卡（Tekla B darzewska-Baranowska）的〈少女的祈禱〉（A Maiden's Prayer）。

聽這了這麼多年以後，相信有許多人一定很好奇，為什麼這兩首世界名曲會成為我們垃圾車的專屬配樂呢？

關於〈給愛麗絲〉目前聽到兩種說法，第一種就要追溯到當年的衛生署署長許子秋在聽到女兒練習鋼琴，彈奏了貝多芬的給愛麗絲之後，覺得非常動聽，因此決定採用〈給愛麗絲〉當作垃圾車的固定配樂。第二種說法則是臺灣第一位醫學博士——杜聰明博士，當年杜聰明博士突發奇想的為垃圾車配上〈給愛麗絲〉。即便事隔多年，現在聽來也是一樣悅耳又動聽呢！

另一首〈少女的祈禱〉則是當初臺灣向德國採購了二十一輛垃圾車時，用來取代過去人力手拉車的垃圾清運，讓臺北市的清運垃圾進入機械化時代，而跨海來自德國的垃圾車上原先就配有〈少女的祈禱〉的音樂，也就這麼長期延用下來了。

相較於臺灣的垃圾清運透過巡迴的垃圾車，在國外，大多習慣將垃圾集中放在指定區域，清理人員會自行將集中的垃圾清運上車。對在臺灣的外國人們來說，大街小巷的民眾在聽見熟悉的旋律後，步出家門，等待垃圾車的畫面反而是個獨特的景象。而等待垃圾車的時候，也是左右鄰居敦親睦鄰的好機會，平常上下班時間可能不一樣而錯過，但總能在倒垃圾時說上幾句話。

全面實施專用垃圾袋的制度後，也提升了臺北市民眾資源回收的比率，為了節省更多空間，人們比較樂意資源回收。相較於美國，臺灣資源回收的比例高達55%，而美國僅有35%。

此外，**同樣是一首〈少女的祈禱〉，在美國、澳洲等國家，卻是冰淇淋車的音樂。因此，也會有些外國人聽見了〈少女的祈禱〉，興沖沖的想出來買冰淇淋，卻發現迎面而來的是垃圾車的狀況。**

而根據不負責任很粗略的統計，北臺灣的垃圾車較多是播放〈給愛麗絲〉這一首曲子。而〈少女的祈禱〉則是早期北臺灣和目前南臺灣的垃圾車常見的曲子，不過目前北部某些地區仍繼續沿用，下次不妨注意聽聽自己家附近的垃圾車放的到底是哪一首吧！

吉古拉・蘊含大海氣息與歲月記憶的金黃美味

多虧了臺灣眾多美食節目的介紹，讓不少原先只有當地人知道的特色美食可以被其他縣市的民眾認識，基隆的「吉古拉」就是最好的例子。許多人現在應該都清楚吉古拉就是關東煮或火鍋中常見的「竹輪」。但即使你知道吉古拉這個名字就是指竹輪，那它當初為什麼又叫做竹輪呢？本篇就要帶大家揭曉它的身世之謎。

竹輪（ちくわ）[chikuwa]，是發源自日本的一種魚漿製食品。相傳在古墳時代（約西元三至六世紀）的神功皇后出征朝鮮半島前，將魚肉包裹在矛上烤製食用而誕生的。不過最早出現在文獻記載上，則是在將近八百七十多年前記錄宮廷擺設、筵席等規範的《類聚雜要抄》，書中繪製了稱為「蒲鉾」（かまぼこ）的魚漿料理，就是我們今日熟悉的竹輪。約莫到了十六、十七世紀，又出現了將魚漿塗抹於木板上並加以蒸煮的「板蒲鉾」，從此劃分為「蒸」的蒲鉾與用「烤」的竹輪兩種不同的稱呼，但基本上蒲鉾可泛指以上兩種魚漿製品。

清領時期，住在海邊的漢人移民們就會將漁獲加工成魚漿製品食用，不過大多只是將白肉魚做成魚丸而已。至於炙烤的「竹輪」（管狀）、蒸煮的「魚板」（板狀），以及油炸而成的「甜不辣」等魚漿加工食品，要等到日治之後才出現。

約莫是在一九一〇年代，魚板與竹輪等魚漿加工食品逐漸被引入臺灣，至今仍佇立於基隆市中正區的松元蒲鉾店，即創立於一九一三年。**據當時的調查顯示，基隆市所製造的魚板、竹輪與魚丸，不但是全臺灣中品質最優良的，而且在全臺灣三十五間蒲鉾工廠中，基隆就佔了四間，排名第二，只輸給臺北州的十間。而且，臺北工廠的原料也是由基隆港取得。**但是，基隆到底有什麼和其他縣市不同之處，能夠在當時成為總督府水產局認證的「最美味的魚漿製品之都」呢？這又與一九二〇年代官方與民間合力的「鱶皮加工」產業的興起有關。

什麼是鱶皮？鱶（ふか）[ㄒㄧㄤˇ]；[fuka]其實就是「鯊魚」。就像前面提到清領時期用來製成魚丸的白肉魚原料，其實也包含了鯊魚，但是當時大多採用拖曳網魚（牽罟），要捕撈到鯊魚並不是件容易的事情。即使有，也大多只取其魚鰭，進一步製成高價的魚翅販售，因為漁獲若是沒有立刻進一步處理的話，魚肉很容易就會變質甚至腐爛而無法食用，因此，食用鯊魚肉或將其加工成魚漿製品的狀況並不普遍。

這樣的狀況，在進入日治以後有了很大的改變，由於動力漁船與冷凍技術的引入，基隆的漁民開始以汽船拖網進行捕撈，得以至離岸邊距離更遠的漁場作業，往北可到東海甚至是八重山群島鄰近海域、往南則可遠至巴士海峽一帶。作為東北角最主要的鯊魚漁場，從基隆到宜蘭外海一帶，都可以發現捕撈鯊魚的船隻蹤影。

雖然得以捕捉到大量的鯊魚，但因為船上存放漁獲的空間有限，大多也像從前那樣只取魚鰭，即使整隻鯊魚運回岸上，其餘的部分大多也捨棄不再食用。有鑑於此，當時的臺灣總督府與臺灣漁業相關人士，便希望能夠加以活用鯊魚肉與鯊魚皮，以達到最高的經濟效益。於是，**自一九二七年起，基隆和平島上便設立「鱶革加工工場」，將鯊魚皮加工成品質良好又強韌的皮革，除了出口至美國同時也輸送到日本內地製成皮鞋、拖鞋以及皮包。**而鯊魚捕獲量也逐年增加，至一九三五年時已達每年捕獲大鯊魚十二萬尾、小鯊魚一百六十萬尾，根據一九三六年一月的報導，光一個月內向日本內地輸送的鯊魚皮就達八千張之多。

這則報導也說，過去臺灣人雖然會將包含鯊魚在內的白肉魚加工成魚丸食用，但相較於其他的白肉魚，鯊魚難以保存、味道又不如其他的白肉魚鮮美，食用率並不高。但**為了將鯊魚肉使用得淋漓盡致，當時的食料工業營業所，便不斷研發各種加工方法，像是將鯊魚肉製造成甜不辣，或是製成魚板與竹輪等食物。**在一九三七年，日本水產株式會社甚至設立了基隆竹輪工場，以因應逐年增加的竹輪需求，隔年生產量更高達一百五十多萬條。

除了漁業政策與技術的推展，人才的栽培也須迎頭趕上。一九一九年發佈的「臺灣教育令」將包含漁撈、養殖與漁船運用的水產實業科目，納入了實業學校規則中。種種水產技術的發展與水產學校的設立，亦是日本經營臺灣各大港口政策中的一環。除了在基隆設置水產講習所之外，也不定期舉辦各種講習會，除了教導漁民最新的捕魚技術外，亦有製作各種魚漿製品的課程供一般民眾學習。原本漢人就已有食用魚丸的習慣，遇上製作技術門檻並不高的魚板及竹輪，就這麼尬出了好滋味，使得當時基隆的許多家庭自行製作竹輪至市場上販賣。根據一九三八年的調查，出自家內工業所製造出的魚漿製品，生產額達十二萬圓左右，而竹輪等魚漿製造工廠的生產量有五十三萬六千斤，總生產額也將近有二十萬圓，在當時臺灣水產製造業中排名第四位。

隨著二戰的結束與日本人的離去，昔日的水產加工工廠及各種講習所，逐漸隱沒在歷史中。但竹輪卻並沒有因此而離開臺灣人的餐桌，基隆人也還是習慣用日語發音的「吉古拉」來稱呼這項美食。今日在基隆的正濱漁港、八斗子與和平島等地，仍殘留幾間純手工烤製而成的吉古拉店鋪，在鐵桿上塗抹魚漿後在碳火上烘烤，香氣四溢，許多在地人或慕名而來的遊客們，都心甘情願地乖乖排隊，等著買現烤吉古拉直接當點心吃。下回來到基隆，不妨試試直接吃未經切片、一整根的吉古拉，在齒頰咀嚼中，細細品嚐凝聚在時光中的漁港黃金歲月。

續 臺灣沒說你不知道 生活在紛擾年代，七十則包山包海、愛鄉愛土的冷知識

作　　者　何昱泓、宋元馨、林韋聿、張凱鈞、郭倍宏（按姓氏筆劃排列）
插　　畫　李桃
編輯協力　李亭、李柏南、李庭恩、林幸萱、林怡、秦紀維、郭璨宇、陳建豪、蔡佾霖、盧德昀、賴奕諭、蘇瓊允（按姓氏筆劃排列）

執行長　陳君平
榮譽發行人　黃鎮隆
協理　洪琇菁
總編輯　周于殷
美術總監　沙雲佩
封面設計　萬亞雰
公關宣傳　施語宸
國際版權　黃令歡、梁名儀

出　　版　城邦文化事業股份有限公司　尖端出版
臺北市民生東路二段141號10樓
電話：(02)2500-7600　傳真：(02)2500-1971
讀者服務信箱：spp_books@mail2.spp.com.tw
發　　行　英屬蓋曼群島商家庭傳媒股份有限公司
城邦分公司　尖端出版行銷業務部
臺北市民生東路二段141號10樓
電話：(02)2500-7600(代表號)　傳真：(02)2500-1979
劃撥專線：(03)312-4212
劃撥戶名：英屬蓋曼群島商家庭傳媒(股)公司城邦分公司
劃撥帳號：50003021
※劃撥金額未滿500元，請加付掛號郵資50元
法律顧問　王子文律師　元禾法律事務所　臺北市羅斯福路三段37號15樓

臺灣地區總經銷　中彰投以北(含宜花東)　楨彥有限公司
電話：(02)8919-3369　傳真：(02)8914-5524
地址：新北市新店區寶興路45巷6弄7號5樓
物流中心：新北市新店區寶興路45巷6弄12號1樓
雲嘉以南　威信圖書有限公司
(嘉義公司)電話：(05)233-3852　傳真：(05)233-3863
(高雄公司)電話：(07)373-0079　傳真：(07)373-0087
馬新地區經銷　城邦(馬新)出版集團　Cite(M) Sdn.Bhd.(458372U)
電話：(603)9057-8822　傳真：(603)9057-6622
E-mail：cite@cite.com.my
香港地區總經銷　城邦(香港)出版集團　Cite(H.K.)Publishing Group Limited
電話：2508-6231　傳真：2578-9337
E-mail：hkcite@biznetvigator.com

版　　次　2018年10月1版1刷
2023年7月1版6刷
I S B N　978-957-10-8161-8

國家圖書館出版品預行編目（CIP）資料

續‧臺灣沒說你不知道 / 每日一冷作. -- 初版. -- 臺北市：尖端出版：家庭傳媒城邦分公司發行, 2018.10
面；　公分
ISBN 978-957-10-8161-8(平裝)
1. 通俗作品　2. 臺灣
733　　107006058

◎版權所有‧侵權必究◎
本書如有破損或缺頁，請寄回本公司更換